王力 —— 著

语文讲话

插图版

天津出版传媒集团

天津人民出版社

图书在版编目（CIP）数据

语文讲话：插图版 / 王力著 . -- 天津 : 天津人民
出版社，2023.1
ISBN 978-7-201-18137-0

Ⅰ.①语… Ⅱ.①王… Ⅲ.①汉语—语言学 Ⅳ.
①H1

中国版本图书馆 CIP 数据核字(2022)第 165796 号

语文讲话：插图版
YUWEN JIANGHUA : CHATU BAN

出　　版　天津人民出版社
出 版 人　刘　庆
地　　址　天津市和平区西康路35号康岳大厦
邮政编码　300051
邮购电话　（022）23332469
电子信箱　reader@tjrmcbs.com

总 策 划　沈海涛
策　　划　金晓芸　康悦怡
责任编辑　康悦怡
特约编辑　康嘉瑄
装帧设计　肖　瑶

经　　销　新华书店
开　　本　880毫米×1230毫米　1/32
印　　张　6
字　　数　104千字
版次印次　2023年1月第1版　　2023年1月第1次印刷
定　　价　32.00元

序

　　王力先生是中国现代语言学的泰斗。先生从来都是"龙虫并雕"的，他的一系列专著为学术研究指明方向，他的一些雅俗共赏的著作对年轻读者很有启发。天津人民出版社的"王力五书"就是这样一套雅俗共赏的系列图书，共五种，即《诗词格律》《诗词格律十讲》《诗词格律概要》《古代汉语常识》《语文讲话》，都是插图版。

　　《诗词格律》《诗词格律十讲》《诗词格律概要》这三种书都是讲诗词格律的，详略有所不同。《诗词格律十讲》最简要，《诗词格律概要》是《诗词格律十讲》的扩充，《诗词格律》比较详细，在讲平仄对仗之外还讲了诗词的节奏和语法特点。这三种书出版于20世纪六七十年代，至今已有五十多年了。在这期间，好几代年轻人都受益于这几本书。读了以后，在阅读古典诗词时能懂得其格律，还有不少人能按照格律来写作古体诗词，这都有助于提高他们的文化素养。这次天津人民出版社出版时，为《诗词格律》和《诗词格律十讲》精选了附录，如《今读阴平阳平的入声字表》等，对读者也很有帮助。

　　《古代汉语常识》是为年轻读者学习古代汉语而写的。这里的"古代汉语"主要指文言文。书中对为什么要学习古代汉语，怎样学习古代汉语都说得很透彻；对古代汉语的文字、古代汉语的词汇、古代汉语的语法都有论述，谈得很全面。古代汉语词汇和阅读文言文关系最密切，书中说："如果掌握了古代汉语词汇，就可以算是基本上掌握了古代汉语。"书中谈到古今词义的差别（见第五章）和一些重要虚词（见第六章），读者应该认真阅读并切实掌握。

　　此书有五个附录，都很重要，建议读者好好看一看。《研究古代汉语要建立历史发展观点》是王力先生多次强调的一个很重要的学术观点。《天文、历法》和《礼俗、宗法》选自王力主编《古代汉语》的"古代文化常识"（执笔者是南开大学教授马汉麟先生）。这部分内容对读古书很有用，因为在读古书的时候常会碰到一些文化常识方面的问题，如果不懂文化常识，就会出错。如有人把"七月流火"理解为"七月天气十分炎热"就是一例。"七月流火，九月授衣"是《诗经·豳风·七月》里的句子，"火"指二十八宿的心宿。在夏历六月黄昏的时候，心宿出现在南方的天空，方向最正，位置最高，到七月就偏西向下了，天气也逐渐变凉，所以要"九月授衣"。要看懂这两个附录是要花一些功夫的，但看懂以后会觉得很有用。

《语文讲话》篇幅不长，但对汉语研究得非常深入。在绪论中指出了汉语的五种特性：单音词占优势、比较上颇富于孤立性、最富于分析性，以及以声调为词汇的成分、元音特占优势。在1955年的修订版中，进一步概括为三点：第一，元音特别占优势；第二，拿声调作词的成分；第三，语法构造以词序、虚词等为主要手段。（见《王力全集》第二十卷，第11页。）这是以汉语和别的语言比较而得出的。在后面四章中，谈了汉语的语音、语法、词汇和文字，各部分都深入浅出地讲了一些基本知识，语音、语法、词汇部分都谈了汉语方言的异同和古今的演变。这样，就从地域和时间两个维度勾画出汉语的概貌。作者在1955年的《新版自序》中说，此书"目的是使中学教师们从语言学的观点上比较全面地了解汉语的轮廓"。今天的读者也一定会有这种收益。

此书的四个附录可以进一步扩展读者的视野。读者如果关心汉语的历史发展，可以读《汉语发展史鸟瞰》；如果关心普通话，可以读《推广普通话的三个问题（节选）》；如果关心汉语语法，可以读《关于汉语语法体系的问题》；如果对文学感兴趣，可以读《语言与文学》。

把王力先生的著作推荐给读者，不是一件容易的事情。首先要对王力先生的著作相当熟悉，而且要对读者的状况和需求比较了解，这才能从王力先生众多的著作中选出合适的五书。同时，《诗词格律》《诗词格律十讲》这也是要费一番功夫加以选择和编排的。这些都体现了"王力五书"选编者对读者负责的精神和对业务熟悉的程度。我相信，这样一套精心选编的"王力五书"会受到读者的欢迎。

蒋绍愚

2022年9月于北京大学

［明］仇英　《人物故事图册：吹箫引凤》

序

这是 1936、1937 两年，我在燕京大学暑期学校所用的演讲稿。经过了三次的修改，成为现在的样子。

暑校的学生是混合式的：国文系、历史系、教育系、政治系、经济系、物理系、化学系、家政系的学生全有。因此，这种演讲必须是浅显的，对于语言学的基本知识也不惮详加说明；又必须是广泛的，对于琐细的问题就略而不论。语文本是每人每日所必需，只要把最容易注意到而又不难了解的道理对他们讲，他们也会听得津津有味的。我相信，无论哪一系的学生都可以听得懂，甚至高中学生也能懂得一大部分。我讲时，不发讲义；但至考试时，学生都答得大致不差。

我常常发表些概论体的著作，这恐怕是专家所不屑为的。但是，只这一本小小的概论，我用全力去编排它，至今仍未满意。"画鬼魅易，画犬马难。"我开始感觉到写概论体的著作实在费劲了。

王　力

再版自序

这一本小册子(原名《中国语文概论》)是在抗日战争的时期出版的,因此流传不广,后来市面上竟买不到了。抗战胜利以后,商务印书馆也没有再版。去年冬天,开明书店有意思要把它编入《开明青年丛书》,和我商量,我才征得商务同意,把这本书收回,改题《中国语文讲话》,另交开明出版。

记得李方桂先生对我说过,这本书稍加扩充,可以用作大学里的语言学教本。但现在既然用来供一般青年阅读,也就用不着扩充了。可是趁此机会,我改正了一些误植的字和一些不妥的地方。第三章本拟依照我的《中国语法理论》里的体系改写,但因其中的语法事实和后者所述并无根本差异,而新体系新术语多须解释,转不如原来模样之易为一般人了解,因此就没有重写。拙作具在,可供勘对。

王　力

1950年4月

第一章

绪论

第一节　中国语言的特性

依一般语言学家的说法，汉语是单音的，孤立的，分析的。但是我们不能无条件地承认这几种说法：我们必须把中国语言的特性做更精确的观察。

汉语可以说是单音的，如果所谓单音是指"一字一音"而言。因为依中国文字看来，的确是每一个字只包含着一个音段。但是，如果说"单音"的意义是"一词一音"，以为汉语里的词都是单音词，就与事实不符了。汉语里的词，固然可以是单音，但也可以有两个以上的音段，如"大夫""夫人""葡萄""葫芦"之类。就上古的汉语看来，复音的词似乎还占少数；越是接近现代，复音词就越多。我们应该注意：一个字不一定能代表一个词，一个词也不一定仅仅用一个字为代表。一般语言学家以汉语为单音语，乃是文字所引起的误会。若仅就语言的本身而论，汉语至多只能被认为单音词占优势的一种语言。

汉语是孤立的，因为它既不像西洋语言有屈折性，也不像突厥语有黏合性。所谓孤立，是指每一词能包含一个完整的观念；把许多词放在一个句子里，由词的位置去决定词性。例如"国大"的"大"字是"国"字的表词，而"大国"的"大"字只是一个形容词。说汉语是孤立的，似乎比说它是单音的更合理些，然而仍不能表示它的特性。实际上，汉语并不是完全孤立的；我们不能说它所有的每一个词都能包含一个完整的观念。中国向来有所谓实字与虚字的分别，虚字只能拿来联络实字，其本身并不能包含完整的观念。例如介词"于"字与助词"也"字，它们能孤立吗？

汉语是分析的。这一说，就比前两说高明多了。分析，是对综合而言。在语言的构造上，所谓综合，是把许多观念综合在一个词里，甚至一个词就能成为一句话。例如：拉丁语 lego（我读）、legis（你读）、legit（他读），意大利语 canto（我唱）、canti（你唱）、can-ta（他唱），一个词就等于一句话（因动词有表示人称的成分，故代名词可省），这是极端综合的例子。又如法语 Je chante（我唱）、Je chantai（我已唱）、Je chanterai（我将唱），时间观念完全包含在动词里,英语 I sing(我唱)、I sang(我已唱),时间观念也包含在动词里,也都是综合的例子。至于英语 I will sing,用助动词来表示将来时,时间观念不包含在动词里,这才是分析的例子。近代英语很有分析的倾向,然而还不至于像汉语完全是分析的组织。譬如中国人要表示过去时,必须说"我已唱";要表示将来时,必须说"我将唱"或"我要唱""我就要唱",等等,绝不能如法语把时间观念包括在动词里。西洋语尾所含的观念,若译成中文,往往要加添一两个字,非但动词如此,其他的"文法范畴"也如此,例如法语的 un ami 与 une amie,中文只好译成"一个男朋友"与"一个女朋友"。这都因为汉语没有综合作用的缘故。

西洋语言也并非不分析,只是有程度上的不同。譬如说,法语比拉丁语更分析,英语又比法语更分析。依语言的历史看来,西洋语言正由综合走向分析的途径。但汉语既然达到了分析的最高峰,我们就有权利说它是分析语当中的标准语了。

由上文看来,汉语可以说有三种特性:

(一)单音词占优势;

(二)比较上颇富于孤立性;

(三)最富于分析性。

除了上述三种特性为一般人所承认者之外,依我们看来,汉语还有两种特性:

（一）以声调为词汇的成分；

（二）元音特占优势。

先说以声调为词汇的成分，例如"买"字，若注以罗马字母，则为 mai；但"卖"字也只能注为 mai。可见"买""卖"二字的分别并不在乎元音（母音）或辅音（子音）的歧异，只在乎声调高下之不同。这种情形，中国人自己觉得很平常，西洋人却会觉得很新奇，因为声调竟可算为词汇的成分，缺少了声调的差异则"买""卖"二字在语言里竟无法分别，这种情形是西洋语言里所罕见的。

再说元音特占优势。在西洋各族语里，每一个音段可以包括两个以上的辅音，例如英语 blind 词里有四个辅音，splint 词里有五个辅音，汉语里就没有这种情形。汉语没有复辅音（如 bl-、sp-、-nd、-nt）的存在（至少中古以后是如此），所以在每一音段里，除了少数字不用辅音之外，往往是元音之前有一个辅音，例如"马"（ma）、"牛"（niu）等；有些字，元音之后也有一个辅音，例如北京话里的"班"（pan）、"刚"（kang），广州话里的"林"（lam）、"立"（lap）、"列"（lit）、"落"（lok）等。由此看来，每一个字（即每一个音段）至多只能包括两个辅音，而且每一个辅音必须紧靠着元音然后能存在。再严格地说，字尾的辅音（如 -n、-ng、-m、-p、-t、-k）只念一半，并没有念全，可见汉语每一个音段至多只能包括"一个半"的辅音。反过来说，每字必须有一个元音或"准元音"（如 n、ng、 m），可见元音在汉语里特占优势了。

这些特性也不是汉语所独有：凡属于"孤立语"的族语，大约都能具有的。其他的孤立语既与汉语同有这些特性，于是语言学家说它们有亲属的关系。关于这一点，将在下节讨论。

第二节　汉语的亲属及其方言分类

汉语在世界语言谱系中所占的地位,若单就语法的观点看来,可如下表:

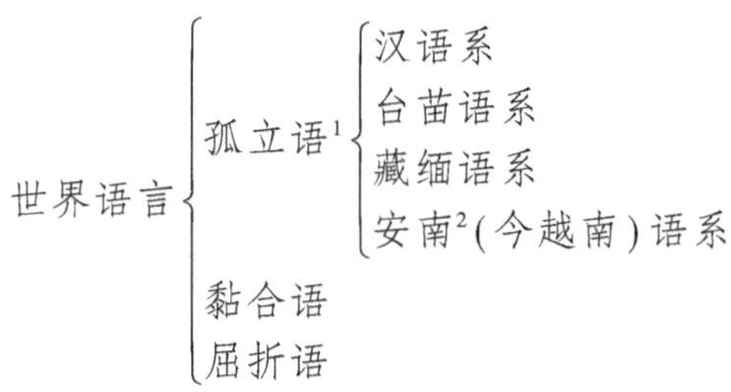

---

1. 此处有删改。——编者注
2. 安南:越南古名,来自唐代的安南都护府。——编者注

不过,这种分法是很勉强的。因为世界上既没有纯粹的孤立语(汉语不是纯粹孤立语,理由见上节),而黏合语与屈折语的界限又很难分得清楚。有些语言显然是属于黏合语的(例如蒙达语 munda),但语言学界也有把它认为孤立语的亲属的倾向。所以我们不妨放弃"孤立""黏合""屈折"等名称,另定谱系如下表:

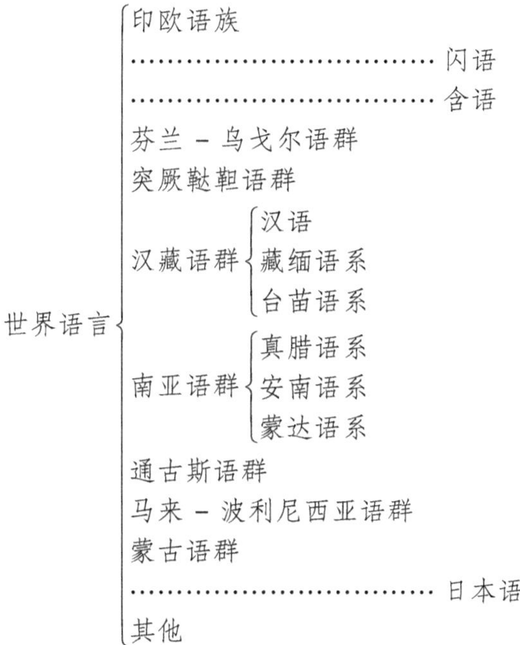

藏缅语系包括西藏、青海、缅甸等处的语言,西夏语、彝语亦归此类。台苗语系包括:闽南语,以暹罗(今称泰国)语为代表,

缅甸东北一小部分、安南西北部的语言亦归此类；苗瑶语系散布于湖南、四川、云南、贵州、广西、琼州一带。安南语包括安南东部沿海一带的语言。真腊语（西文为 Mon-Khmer）在安南南部。蒙达语在喜马拉雅山附近，又在科尔库-克瓦里安（西文为 Chota-Nagpour）一带。这些语言被一般人认为汉语的亲属。[1]

现在我们所讲的汉语乃是狭义的，不包括藏、苗、瑶、彝等语在内。

至于中国内地的方言，该细分为若干类呢？现因方言调查工作未曾完成，不能十分确定。[2]大致说起来，可分为五大系。

（一）官话

1. 冀鲁系　包括河北、山东及东北等处。

2. 晋陕系　包括山西、陕西、甘肃等处。

3. 豫鄂系　包括河南、湖北。

4. 湘赣系　包括湖南东部、江西西部。

5. 徽宁系　包括徽州、宁国等处。

---

1. 但真腊语与蒙达语尚在可疑之列。又有人把安南语系归入汉藏语群，因为它和台苗语、汉语的关系都很密切。

2. 根据中华人民共和国教育部《中国语言文字概况（2021年版）》："汉语方言通常分为十大方言：官话方言、晋方言、吴方言、闽方言、客家方言、粤方言、湘方言、赣方言、徽方言、平话土话。"——编者注

6. 江淮系　包括扬州、南京、镇江、安庆、芜湖、九江等处。

7. 川滇系　包括四川、云南、贵州、广西北部、湖南西部。

（二）吴语

1. 苏沪系　包括苏州、上海、无锡、昆山、常州等处。

2. 杭绍系　包括杭州、绍兴、湖州、嘉兴、余姚、宁波等处。

3. 金衢系　包括金华、衢州、严州（今桐庐县、淳安县和建德市）等处。

4. 温台系　包括温州、台州、处州（今丽水市）等处。

（三）闽语

1. 闽海系　包括福州、古田等处。

2. 厦漳系　包括厦门、漳州等处。

3. 潮汕系　包括潮州、汕头等处。

4. 琼崖系　包括琼州（今海口市）、文昌等处。

5. 海外系　指华侨的闽语，在新加坡、暹罗、马来半岛等处。

（四）粤语

1. 粤海系　包括番禺、南海、顺德、东莞、新会、中山等处。

2. 台开系　包括台山、开平、恩平等处。

3. 西江系　包括高要、罗定、云浮、郁南等处。

4. 高雷系　包括高州、雷州等处。

5. 钦廉系　包括钦州、廉州等处。

6. 桂南系　包括梧州、容县、贵县(今贵港市)、郁林(今玉林市)、博白等处。

7. 海外系　指华侨的粤语,在美洲、新加坡、安南(今越南)、南洋群岛(今马来群岛)等处。

（五）客家话

1. 嘉惠系　包括嘉应州（今梅县）、惠州、大埔、兴宁、蕉岭等处。

2. 粤南系　散布台山、电白、化县等处。

3. 赣南系　在江西南部。

4. 闽西系　散布福建西北一带。

5. 广西系　散布广西东部、南部各地。

6. 川湘系　散布四川、湖南等处。

7. 海外系　指华侨的客家话,大部分在南洋、印度尼西亚。

上列五大系,其畛域颇为清楚[1];至于每系所分诸小系,则系暂时很粗的猜测。

---

1. 但也有人以湘语独立为一系,又有人以湘赣为一系。

方言区域和政治区域不一定相当。冀、鲁虽分两省,其语言可认为一系;常熟与南通(城内)不但同属一省,而且仅隔一江,但其语言却分属吴语与官话两系。再说,为了迁徙的关系,两种不同的语言是可以同存在于一个小区域之内的。例如一县甚至一村之内,可以有两种不同的语言。客家话之在广西,大都散布各地,并不能独占一个区域,就是语言可以杂处的证据。

严格地说,方言的区域是很难分的。假定有某字,其读音因地而异,如下表:

甲地	ka
乙地	ko
丙地	ga
丁地	go

若以声母而论,我们该认甲地与乙地为同系,丙地与丁地为同系;若以韵母而论,我们又该以甲、丙两地为同系,乙、丁两地为同系。所以就语音方面划分中国方言的区域,是颇困难的。至于词汇、语法两方面,也有类似的难关。

那么,我们凭什么能把方言分类呢?要分语言为某某几系,必须先替每系下一个定义。依汉语情形而论,方言的分类最好以语音为标准,因为语法的分别很微,而词汇的分别也很难研究。我们如果在语音方面替某语系下一个定义,那么,凡合于这

定义的就归此系,问题就解决了,例如吴语的定义该是:

1. 有浊音[b'、d'、g'、v、z],与古代浊音系统大致相当;

2. 无韵尾[-m、-p、-t、-k];

3. 声调在六类以上,去声有两类。

像这样下了定义之后,当然也有少数方言是骑墙的。例如江苏丹阳没有[b'、d'、g'],却合于吴语其余一切条件。这种方言我们只好叫它"准吴语"了。

［明］郭诩　《上博画集选》

第一章

语音

第一节　汉语与四呼

上文说过,汉语每字只有一个音段。例如"良"字,译成拉丁字母该是 liang。

仔细观察起来,"良"字第一个音素 [l] 是一个辅音,也叫做声母(在中国音韵学上,我们称这一类字的第一个音素为声母)。第二个音素 [i] 是一个"半元音",严格地说起来,该写作 [ᶤ] 或 [j]。第三个音素 [a] 是"良"字的主要元音,换句话说,就是"良"字的主要骨干。第四个音素 [ng](ng 只算一个音素,国际音标写作 [ŋ])是一个辅音,其实只念半个。从第二至第四音素,在中国音韵学上,我们称为韵母。

又如"高"字,译成拉丁字母该是kau。仔细观察起来,第一个音素[k]是一个辅音,是声母;第二个音素[a]是主要元音;第三个音素是一个短弱的元音,可称为次要元音。

有一点应该特别注意:在一个汉字里,如果似乎有两个以上的元音,则其中必有该认为"半元音"或"次要元音"的。次要元音与半元音都很短很弱,不能自成音段,必须附加于主要元音之前或后才成音段。例如"表"字,译成拉丁字母该是piau,我们必须把[i]与[u]念得很短很弱,然后"表"字只算包含一个音段,合乎一字一音的原则。如果把它们也念得像[a]音一样长和一样强,那么成为[pi-a-u],该说是一字三音,就不像中国话了。

为方便起见,我们把主要元音称为"韵腹";韵腹前面的半元音称为"韵头";韵腹后面的次要元音或辅音称为"韵尾"。有些字是韵头、韵腹、韵尾兼备的,例如刚才所举的"良"(liang)字,又如:

"先"sian　"宣"syan　"酸"suan　"飘"p'iau　"姜"kiang

有些字是只有韵头、韵腹,而没有韵尾的,例如:

"借"tsie　"过"kuo　"卦"kua　"话"hua

有些字是只有韵腹、韵尾，而没有韵头的，例如：

"高"kau　"东"tung　"根"ken　"来"lai

有些字是只有韵腹而没有韵头、韵尾的，例如：

"路"lu　　"基"ki　　"波"po　　"怕"p'a

汉语有了这种特性，于是中国音韵学上有"四呼"的说法。让我先介绍四呼的名称与清初音韵学家潘耒所下的定义：

开口呼　初出于喉，平舌舒唇；

齐齿呼　举舌对齿，声在舌腭之间；

合口呼　敛唇而蓄之，声在颐辅之间；

撮口呼　蹙唇而成声。

这种说法似乎很神秘难懂，其实，如果我们另换一种说法，就非常容易懂了：

开口呼　既没有韵头，而韵腹又不是[i、u、y]；

齐齿呼　韵头或韵腹是[i]；

合口呼　韵头或韵腹是[u]；

撮口呼　韵头或韵腹是[y]。

四呼的学说仍有保存的价值,因为它是汉语一字一音的自然产品,拿它去说明汉语字音的演变与方音的异同,是很方便的。

就历史上看,有许多字是古属彼呼,今属此呼的,而各地方言的演化又各有不同。例如真、侵两韵,在古代是属于齐齿呼的,现代只有闽语与客家话能完全保存齐齿呼,在官话与吴语里就有一部分变入开口呼,粤语则完全变了开口呼。今用较严格的音标(即国际音标)举例如下表:

韵部	真韵					侵韵				
例字	真	陈	身	新	亲	针	沈	深	心	今
中古音	tɕiĕn	dʑʻiĕn	ɕiĕn	siĕn	tsʻiĕn	tɕiəm	dʑʻiəm	ɕiəm	siəm	kiəm
闽语(福州)	tɕiŋ	tiŋ	siŋ	siŋ	tɕʻiŋ	tɕiŋ	tiŋ	tɕʻiŋ	siŋ	kiŋ
客家话(嘉应州)	tʃin	tʃʻin	ʃin	sin	tsʻin	tʃim	tʃʻim	tʃʻim	sim	kim
官话(北京)	tʂən	tʂʻən	ʂən	ɕin	tɕʻin	tʂən	tʂʻən	ʂən	ɕin	tɕin
吴语(苏州)	tsən	zən	sən	sin	tsin	tsən	zən	sən	sin	tɕiən
粤语(广州)	tʃɐn	tʃʻɐn	ʃɐn	ʃɐn	tʃʻɐn	tʃɐm	tʃʻɐm	ʃɐm	ʃɐm	kɐm

北方官话与吴语都具备四呼。客家话没有撮口呼,故实际

上只有三呼。在西南官话、粤语与闽语当中，有些方言是具备四呼的，如四川、广州、福州；另有些方言是缺少撮口呼的，例如云南、贵州的大部分、广西南部与厦门。撮口呼必须有元音的[y]（韵腹）或半元音的[y]（韵头）。这[y]乃是[i]与[u]的混合音，舌的姿势像[i]，唇的姿势像[u]，并不是十分普通的音。英语里就没有它。德语虽有元音的[y]，却也没有半元音的[y]。法语才是二者兼备的。单就有无撮口呼而论，我们可以说：北方官话、吴语、广州话、福州话类似法语；客家话、厦门话、广西南部和云南、贵州大部分的话类似英语。

在汉语里，所谓韵头的[i、u、y]，不一定是真正的[i、u、y]，有时候可以是[e、o、ø]。例如"良"字，在某一些方言里可以念成leang。而我们仍旧觉得它是齐齿呼。为求语音系统的整齐，也不妨认它为齐齿呼。其他合口撮口，亦可由此类推。

反过来说，有些字首的半元音，虽像韵头，但其辅音性甚重，亦可认为声母，同时此字可认为属开口呼。例如广州的"淫"（jam）字，其中的[j]可认为声母，全字可认为属开口。

韵尾的[i]或[u]也不一定是真正的[i]或[u]，有时候可以是[e]或[o]。例如北京的"来"字，唱起来往往是lai，在日常谈话里往往是lae；"高"字唱起来往往是kau，在日常谈话里往往是kao。

四呼与声母也有关系。就全国而论，撮口呼是不在破裂音

〔p、p'、b、m、t、t'、d、k、k'、g、ng〕之后出现的。就北京而论,〔tʂ、tʂ'、ʂ、ʐ、k、k'、ts、ts'〕之后没有齐撮,〔tɕ、tɕ'、ɕ〕之后没有开合。

　　四呼与韵母也有关系。有韵尾〔i〕或〔y〕的字往往没有齐撮呼,有韵尾〔u〕的字往往没有合口呼。潘耒一派的人以为一音必有四呼,只算是一种空谈。

第二节　汉语与四声

“四声”就是汉语字音里的四种调子。我们试看英文 in 字，任凭你把它念成几种调子，它的意义不会变更。汉语就不同了：同是 in 音，只因念起来调子不同，就可以有“因”“寅”“引”“印”的分别。但“因”“寅”“引”“印”只是现代语的四声，不是古人所谓四声。

依古代的说法，四声各有其名称：平声、上声（“上”字应该读如“赏”）、去声、入声。古代平、上、去、入的标准调子是怎样，现在很难考订。至于现代各地的方言里，四声的演变也各有不同。官话系多数没有入声（北京“利”“力”无别，“时”“实”无别），其余各系方言则平、上、去、入都有。又因古代清浊音的影响，往往使一个声调演化为两个声调。例如官话的平声演化为阴平、阳平两种，故虽失掉入声，仍存四声。客家话非但平声有两种，入声也分阴阳，共成六声。闽语非但平入有两种，连去声也有两种，共成七声。吴粤往往能有七声或八声；其有八声者，就是平、上、去、入各分阴阳。广州入声分三种，因此共有九声。广西南部入声有分为四种者（例如博白），于是共有十声。

为方便起见，我们把阴平、阴上、阴去、阴入称为阴调类，阳平、阳上、阳去、阳入称为阳调类。阴调类大致与古代清音相当，阳调类大致与古代浊音相当（p、t、k、f、s 一类的音叫做清音，b、d、g、v、z、m、n、l 一类的音叫做浊音）。但是，所谓相当，并不是说现代的阴阳调类的分别就是清浊音的分别。固然，就吴语而论，阴调类同时就是清音，阳调类同时就是浊音；但若就官话、粤语、客家话而论，阳调类的字多数仍是清音，这因为浊音早已消失，我们只能从阳调类窥见古代浊音的系统而已。

就物理学上说，声调只是"音高"（pitch）的升降关系。请特别注意"升降"二字。中国每字的声调虽是音的高低（不是强弱），但并不一定像歌谱上每字只配一个音符的样子。绝对音高固然用不着，相对音高也还不一定是汉语声调的主要特征。它的主要特征乃在乎其音高的升降状态。汉语的字调，很少是自始至终只在一个音符上头的。有时候,某一种字调颇像始终只在一个音符上头,例如北京的阴平声;但大多数的字调都需要两个以上的音符去表示它。当然,如果需要两个以上的音符,则每音符可以短到像十六分音符(或更短)。例如:

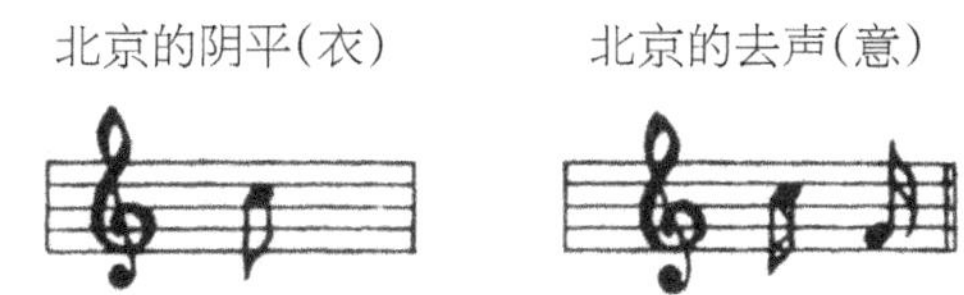

北京的阴平是一个"横调",因为它是自始至终横行,不升也不降的(大致如此)。横行是它的特征;念它配ċ(do)固然可以,念它配b(si)也未尝不可,只要你念得不升不降,北京人听起来,就觉得是阴平声了。北京的去声是一个"降调",因为它是从高音降至低音的。降是它的特征:从ċ(do)降至e(mi)固然可以,从a(la)降至d(re)也未尝不可。降的起止点不拘,起点与止点间的距离也不拘。总之,中国各地一切字调都可用"升""横""降""高""中""低"六个字去形容它们。例如北京的阴平可称为高横调,天津的阴平可称为中横调,广州的阳平可称为低横调,北京的去声可称为高降调,苏州的阴去可称为"高降、低横又稍升"调,等等。

关于声调的升降,前面五线谱还是不恰当的。它从高音至低音,或从低音至高音,并不是跳过去,只是滑过去,是所谓"滑音"。譬如拉提琴，如果想要把北京"意"字的调子拉得很像，你的左手的指头不该先按ċ位再按e位，却该从ċ至e一直滑过去，以致介乎二者之间的一切音调，都被你拉了出来。

有时候，单靠音的高低，也可以作为声调的特征。例如北京的阴平与"半上"（在句中，上声往往只念一半）都是横调，不过阴平是高横调，"半上"是低横调。由此看来，它们的分别仅在高低。但是，这里所谓高低是相对的，不是绝对的。这好比唱歌或奏乐：任凭你把全部字调都换一个基调，听起来仍旧顺耳。又如女人的声音较高，男人的声音较低；女与女之间，或男与男之间，声音高低也不能一律。不要紧，你唱你的女高音，我唱我的女低音，张三唱他的男高音，李四唱他的男低音，大家都是对的。

中国各地声调的系统相差不算很远，因为都是从古代四声演化而来的。例如"天"字，全国都把它念入阴平。但是，阴平只是声调的一个名称，等于代数的x，至于各地的阴平是怎样一个调子，却等于实际的数目。各地的阴平，念起来各不相同，好比你的x=3，我的x=4，他的x=5。不要紧，大家都不错。例如北京的"天"字念成高横调，桂林的"天"字念成中横调，嘉应州的"天"字念成中升调，都不算错；因为北京把一切的阴平字都念成高横调，桂林把一切的阴平字都念成中横调，嘉应州把一切的阴平字都念成中升调，各有各的系统。

由此看来，我们不该说某地的人把某字误读某声（例如北京人说嘉应州人的"天"字误读阳平，或说重庆人的"寅"字误读上声）。我从前曾举过一个很浅的譬喻：譬如甲校的级旗是一年级黄的，二年级是红的，三年级是蓝的，四年级是绿的；乙校的级旗一年级是红的，二年级是黄的，三年级是白的，四年级是蓝的。乙校的学生看见甲校一年级的学生拿着黄旗，就说："甲校奇怪极了，他们一年级的学生都用二年级的旗子！"这岂非类推的谬误？

各地的声调虽不能一律，但是，就普通来说，阴调类往往较高，阳调类往往较低，吴语里这种情形更为明显。不过也不能一概而论。例如天津的阴平比阳平低，客家话的阴入比阳入低，都是与普通情形相反的。

四声当中，入声自成一类。平、上、去声都可以念得很长，只有入声是一种促音（湘语入声不促是例外）。吴语的入声是在元音之后来一个"喉闭塞音"（苏北官话之有入声者，亦同此类）；粤语与客家话的入声是在元音之后来一个[-p][-t]或[-k]；闽语兼吴粤之长，入声共有四种收尾。依传统的说法，每音必有四声，例如"干（乾）、赶、干（幹）、葛"就是平、上、去、入相配的四个字。关于这点，平、上、去都没有问题，至于入声就不大妥当了。试以上海音而论，"干（乾）、赶、干（幹）"是[kö]，"葛"是[kə']，并不相配。又试以广州音而论，"干（乾）、赶、干（幹）"是［kon］，"葛"是［kot］，也并不十分相配。可见入声是自成一个系统的，拿它来配其余三声，未免有几分勉强；不过，传统的说法如此，我们也不必翻案了。

声调有字调与语调之分：一个字单念时是这个调子，与别的字连念起来，可以变成另一个调子。单念是所谓字调，连念是所谓语调。例如在北京话里，"北"字单念是上声，"河北"的"北"字也念上声，这是语调与字调相符的；但"北京"的"北"字念半上（上声的一半），"北海"的"北"字却变了阳平。又如在苏州话里，"套"字单念是去声，"圈套"的"套"也念去声，但"套鞋"的"套"却变了阴平。凡语调与字调不符的，叫做变调。

在汉语里，声调比其他语音成分更为复杂。例如北京、天津的声母、韵母大致相像，而声调则大不相同。这大约因为声调仅是声音高低升降的关系，比声母韵母更容易发生变化的缘故。

第三节　各地语音的异同

譬如你是一个北京人，念英文的 bin（箱）字，像北京话的"宾"，一个上海人听见了，就说你不对，并且说应该念像上海话的"贫"。其实大家都不对，因为大家都只念对了一半。单就声调而论，是北京人念对了，上海人念得太低。单就清浊音而论，是上海人念对了，bin 里的 [b] 本是浊音，北京人念了清音。单就吐气不吐气而论，却又是北京人念对了，bin 里的 [b] 本是不吐气的，上海人念了吐气音。

从这个例子看来，可见各地语音的歧异有时候是一般人所不能了解的。每一个人，当学习别处的语音的时候，往往是不知不觉地,拿他自己认为相同而其实不相同的语音,去冒充别人的语音。但是,当你自己认为已经念对了的时候,别人偏能辨别你是冒充。所以英美人翻译北京"宾"字的音不是bin而是pin,翻译上海"贫"字的音也不是bin而是b'in。

这是中国人学外国语的例子。此外我还可以举出许多中国甲地的人学乙地的话的例子。广州人以为广州的"同"字等于上海的"同"字,其实有清浊音的分别。苏州人以为苏州的"梅"字等于北京的"梅"字,其实除了声调不同之外,音素也不全同:苏州的"梅"是[mɛ],北京的"梅"是[mei]。北京人以为北京的"死"字等于上海的"事"字,其实有清浊音的分别。广州人以为广州的"试"字等于北京的"事"字,其实广州的"试"字不卷舌,北京的"事"字卷舌。这种情形,也是骗不过本地人,甚至骗不过本地的小孩子。一个北京人到上海,把上海的"事"念得像北京的"死",上海的小孩听了也会摇头。

中国方言的复杂,大家都晓得,但如果你肯仔细研究,就会觉得简单些。首先我们该注意:话学不好,有时因为词汇不对,有时因为声调不对,有时因为音素不对。譬如上海人初到北京,把"铜子儿"叫做"铜板",纵使声音念得非常正确,仍不算是北京话。但这是词汇的不对,与语音毫无关系,我们在本节里,应该撇开不谈。至于成都的"慢"字,念起来不像北京的"慢",这是声调的不同；苏州的"先"（sie）字不像北京的"先"（ȼien），这是音素不同；嘉应州的"良"（liong）字不像北京的"良"（liang），这是声调、音素都不相同。声调或音素的异同，才是本节讨论的对象。

就最大的轮廓而论，各地的方音有下列几个异点：

（一）清浊音或阴阳调类的分别

霸罢	拜败	贝倍	报暴	半伴	变辩	布步	贩饭
粪愤	讽凤	富父	戴代	到道	斗豆	旦蛋	当荡
凳邓	帝弟	钓调	订定	妒度	对队	断段	顿钝
冻洞	贵跪	耗号	汉汗	化话	记忌	救舅	建件
箭贱	进尽						

官话（大多数）：完全不能分别。

吴语：清浊音及阴阳调类都能分别。

闽语：有些能分，有些不能分。

粤语：阴阳调类能分别，但一律念成清音，无浊音。

客家话：清浊音及阴阳调类都不能分别，但其声母为〔p-、t-、k-〕者，则以吐气不吐气为分别（上字不吐气，下字吐气）。

（二）"知"类字与"资"类字的分别

知资　中宗　试四　迟词　初粗　衫三　痴雌　诗思
施斯

官话（一部分，例如北京）：完全能分别。

吴语：不能分别。

闽语：往往不能分别。

粤语（除广州一带）：大致能分别。

客家话：有些地方，除"初粗"[1]一组外，都能分别；另一些地方，则完全不能分别。

（三）"京"类字与"精"类字的分别[2]

京精　姜将　腔枪　香箱　继济　旧就　见箭　期齐
希西　献线　坚煎　件贱

---

1. "初粗"一类的字，客家话不能分别，自有其语音史上的理由。因为语涉专门，此处只好不谈。

2. 旧剧界的人把"京"类字叫做团字，"精"类字叫做尖字。有些人把"知""资"那一类也叫做尖团。

官话（大多数）：完全不能分别。

吴语、闽语、粤语、客家话：完全能分别。

（四）韵尾［-n、-ng］的分别

宾兵　贫平　民名　银迎　痕恒　邻陵　新星

官话（一部分，例如北京）：完全能分别。

吴语：完全不能分别。

闽语：福州话不能分别，厦门话能分别。

粤语：完全能分别。

客家话：一部分在韵腹上能分别（"民名""银迎"）。

（五）韵尾［-m、-n］的分别

甘干　谦牵　担单　添天　庵安

官话、吴语：完全不能分别。

闽语、粤语、客家话：完全能分别。

（六）入声韵与非入声韵的分别

毕闭	不布	迫破	僻譬	仆蒲	木暮	腹富	惕涕
突屠	托拖	拓唾	匿腻	诺懦	立吏	鹿路	律虑
割歌	各个	刮瓜	郭锅	渴可	哭枯	合何	划话
或祸	激基	稷际	接嗟	戚妻	乞起	泣气	缉砌
屈区	吸希	悉西	舄细	协鞋	泄泻	只支	陟至
嘱主	祝注	尺耻	斥翅	插叉	出初	触处	失师
拾时	式世	涉射	蜀暑	述树	作做	凿[1]座	促醋
撮挫	撒洒	肃素	索锁	揖衣	乙椅	益意	翼异
鸭鸦	叶夜	屋乌	物务	挖蛙	握卧	玉御	域喻

官话：或完全无分别（如北京），或多数字仅在声调上有分别（如川滇系官话，入声往往混入阳平），或完全能分别（如江淮系官话）。

吴语、闽语、粤语、客家话：完全能分别。

---

1. 凿：旧读 zuò。——编者注

（七）入声韵尾［-p、-t、-k］的分别。

［-p、-t］执质	蝶迭	帖铁	纳捺	蜡辣	笠栗	湿失
［-p、-k］立力	及极	劫结	习席	歙隙	汁织	十食
［-t、-k］毕壁	末莫	密觅	七戚	实蚀	室释	瑟塞

官话、吴语（大多数）：完全不能分别。

闽语、粤语、客家话（大多数）：完全能分别。

以上所述，对于各地语音的异同，可算是"挂一漏万"。但为篇幅所限，不能多加述说了。

由这些例子看来，可见我们学习某一地的方音是不容易的。固然，学习方音有一条捷径，就是类推法：假设我们的声母［ts-］等于他们的声母［tʂ-］，或我们的韵母［-in］等于他们的韵母［-ian］，等等，一推就知，这似乎是一件很容易的事。但是，事情绝不会像这样简单的。实际上，往往有下列两种复杂的情形：

1.我们的［-in］与［-im］都等于他们的［-ian］；

2.我们的［ts-］有些等于他们的［tʂ-］，另有些仍等于他们的［ts-］。

如果我们遇着前一种情形（像广州人学北京的"言""严"二字），仍旧有办法：只把一切我们读[-in]或[-im]的字都改读为[-ian]就完了。但若我们遇着后一种情形（像上海人学北京的"知""资"二字），就麻烦了：到底哪一些字该念此音，又哪一些字该念彼音呢？关于这个，唯一办法就是先求知道古音系统。这不是一般人所能办到的，所以只好靠硬记之一法了。

第四节　古今语音的演变

中国的方音虽然复杂，但若从古音系统追究下来，就觉得简单了许多。研究语音史之所以极有兴趣，正因为它是有系统的演变：某字既变为某音，则凡与此字同系的字都变为类似的音。我们既知道了某字在某时代、某地域读某音，就可以推知与此字同系的许多字，在同时代、同地域也都读同样的声母或韵母，恰像我们知道了某人姓李，同时就可以推知他的兄弟姊妹都姓李。字音的演变，又可以搬家为例：除非不搬，搬起来就全家搬到同一的地点。偶然剩下一二个人不搬，或搬到另一地点，那么，他们一定有特别的理由。在语音史里，这种特别理由是音韵学者所能说明的；如果有些地方不能说明，只能怪音韵学者研究得不够精深。

在本节里，我们只能举一个例子，来表示语音演变之一斑。例如古代的声母[k-]（注音字母ㄎ），在现代北京、上海、福州、广州、嘉应州五处的方言里，有下列的演变情形：

古代四呼		开口					合口		齐齿		撮口	
例字		可	开	看	肯	客	苦	阔	欠	轻	劝	去
中古语音		k'â	k'âi	k'ân	k'əŋ	k'ɐk	k'uo	k'uât	kjiɐm	k'jiäŋ	k'jiwɐm	k'jiwo
现代语音	北京	k'ə	k'ai	k'an	kən	k'ə	k'u	k'uo	tɕ'ian	tɕ'iŋ	tɕ'üan	tɕ'ü
	上海	k'u	k'ê	k'ö	k'əŋ	k'a	k'u	k'uə	tɕ'i	tɕ'iŋ	tɕ'üö	tɕ'ü
	福州	k'ɔ	k'ai	k'aŋ	k'eeŋ	k'eek	k'u	k'uak	k'ieŋ	k'iŋ	k'uoŋ	k'öü
	广州	ho	hoi	hon	hɐŋ	hak	fu	fut	him	hiŋ	hün	huü
	嘉应州	k'o	k'oi	k'on	k'en	k'ak	k'u	k'uat	k'iam	k'in	k'ian	k'i

由上表看来，各地语音的演变都是很有条理的。福州与嘉应州完全保存着古代的[k']；北京上海开合字念[k']，齐撮字变为[tɕ]（注音字母ㄑ）。广州开、齐、撮字以念[h]为原则；"楷、亏、坤、旷、启、衾、窍、却、驱、缺"等少数字念[k']，是例外。但这些例外字在广州都可算是文言里的字，也许广州在文言里能多保

存些古音，与吴语的情形相反。

古代念[k‘]的齐撮字，为什么在北京、上海变了[tɕ‘]呢？[k‘]是舌根与软腭接触的音，而所谓齐撮字都是韵头为[i]或[y]的，它们都是舌的前部接近硬腭的音。我们可以想象：譬如你念一个[k‘i]，舌根翘起之后，马上得放下，让舌的前部再翘起，实在忙得很！于是声母[k‘]渐渐倾向于变为与[i]或[y]部位相近的辅音，而适合于这条件的就是[tɕ‘]，因为[tɕ‘]也是舌的前部翘向硬腭，不过比[i]或[y]的部位高些罢了。然而这只是一种可能的倾向，并不是一种必然的结果。所以福州与嘉应州都没有走到这条路上，广州又另找一条路走。

古代念[k‘]的开齐撮字，为什么在广州大多数变为[h]呢？我们知道，[k‘]是一种吐气的辅音，如果气吐得厉害些，就等于[kh]。因此，我们想象广州的[k‘]变[h]，大约是经过下列的许多阶段：

k‘>kh>ᵏh>h

先是气吐得很厉害(k‘>kh)，后来[h]占优势，[k]变了附属品(kh>ᵏh)。最后，就索性摆脱了[k]，变为简单的[h]了。

古代念[k‘]的合口字，为什么在广州大多数变为[f]呢？我们应该假定：[k‘]在未变[f]以前，先经过变[h]的许多阶段。等到变了[h]之后，才渐渐地受合口呼的影响而变为[f]音。合口呼的字，其韵头或韵腹是[u]，这[u]是所谓"圆唇的元音"，发音时，嘴唇发生作用。[f]是所谓"唇音"，也是靠嘴唇作用的；[h]为圆唇元音所同化，就变为唇音[f]了。"空""恐"（两字皆为 hung）、"哭""曲"（两字皆为 huk）等字也属合口呼，却又为什么不变为 fung、fuk 呢？这因为它们的[u]念得不够圆唇的缘故。撮口字（例如"劝"）的韵头[y]也是所谓圆唇元音，为什么它们的声母[h]不变为[f]呢？这也因为它们的[y]念得不够圆唇。

广州有些字更有趣：它们本属合口呼，声母由[h]变了[f]，后来它们再变为开口呼，却仍旧保存着那个[f]。例如"科""课""快"三个字，我们可以推测它们的演变程序如下：

科、课　k'uâ>k'uo>khuo>^khuo>huo>fuo>fo

快　　　k'uai>khuai>^khuai>huai>fuai>fai

一切语音演变的现象，大致都可用这种方式去解释。在语音学上，有所谓"语音的定律"，在许多语音规律当中，又有最重要的两种方式：同化作用、异化作用。同化作用如上面所述，[h]受[u]的同化而变为[f]。异化作用如广州的"凡""法"二字其演变情形略如下表：

凡　pjiwɐm>fjiwɐm>fɐm>fam>fan

法　pjiwɐp>fjiwɐp>fɐp>fap>fat

　　依广州音的通例，"凡"字本该念〔fam〕，"法"字本该念〔fap〕（因为它们在古代是以〔-m〕或〔-p〕为韵尾的，这种韵尾都被广州音保存着，只有"凡""法"一类字是例外），为什么变了fan与fat呢？因为它们的声母〔f-〕是唇音，韵尾〔-m〕或〔-p〕也是唇音，念起来不十分顺口，所以把韵尾的唇音变为齿音〔-n〕或〔-t〕，就顺口多了。但也只是可能的，不是必然的；在客家话里，"凡"字仍旧念fam，"法"字仍旧念fap，并不曾发生异化作用。

　　此外，有两种情形是不能拿语音规律来解释的。第一，是别处方音的影响，例如依北京音的通例，"贞"该念〔tʂɤŋ〕，不该念〔tʂən〕，因为它在古代是以〔-ŋ〕为韵尾的，这种韵尾直到现代还由北京保存着。它之所以由〔-ŋ〕变〔-n〕，大约是受了南方官话的影响。又如依客家话的通例，"开"字的声母该是〔k'〕，因为如上所述，古代的〔k'〕都由客家话保存着；但现在广西南部客家话的"开"字念〔hoi〕，这显然是受了粤语的影响。尤其是官话，它在数百年来，凭借着政治的力量，扩张它的势力，大家以此为"正音"[1]，不知不觉地受其影响。首先受影响者当然是士大夫阶级，故吴语、闽语里一字往往有两种音：一种是士大夫口里的"读书音"（或称"文言音"），也就是受官话影响以后的音；另一种是一般人口里的白话音，也就是未受官话影响的音。例如吴语"问"字的白话音是[mən]，读书音是[vən]。

第二，是借用外语的词汇，这与上面第一种情形不同：第一种情形是甲地方言中本有此字，不过字音受乙地方言所影响罢了；第二种情形是甲地方言本无此字，有时用得着乙地的字，就索性连带着用乙地的音。例如"他"字在吴语里念[tʻa]，不念[tʻo]，因为吴语白话里用不着"他"字，偶然在书报上看见，就索性用官话念它。又如"咖啡"的"咖"字，依北京语的原则，该念[tɕia]，不该念[ka]，然而因为它们是英语coffee或法语café的译音，所以北京人渐倾向于把"咖"字念成[ka]。

---

1. 2017年，中共中央办公厅、国务院办公厅印发的《关于实施中华优秀传统文化传承发展工程的意见》明确提出"大力推广和规范使用国家通用语言文字，保护传承方言文化"。——编者注

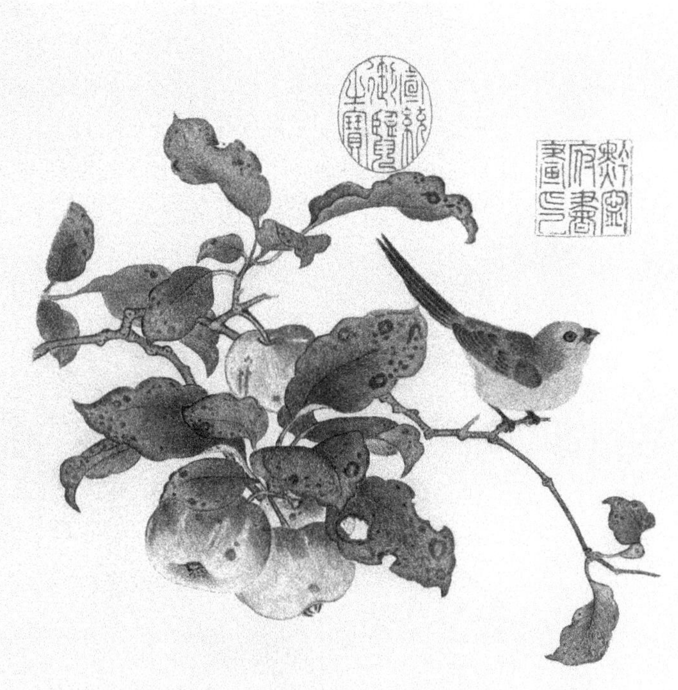

[五代]黄筌　《苹婆山鸟图》

第三章

语法

第一节　词在句中的位置

依法国 18 世纪语法学家 Beauzée 的说法，词在句中，是应该有合理的位置的。例如我们只该说 Alexander vicit Darium（拉丁文，即"亚历山大战胜大流士"），主格在前，宾格在后，动词表示二者的关系，所以必须位置于二者之间。如果你说 Darium vicit Alexander，就是违反自然，等于画家把树根画在上头，枝叶画在下面。如果你说 Darium Alexander vicit，更为不妥，因为主格与宾格之间失了联系了。[1]

这显然是一种纯任主观的谬论。语言是思想的反映，词的

---

1. 参看 H. Weil, *de l'Ordre des Mots*, p. 13。

次序该是与观念的次序相当的，拉丁语既有 Darium vicit Alexander 与 Darium Alexander vicit 的说法，就可以证明这种次序并不违反真理。拉丁语有名词语尾变化，固然可以有此次序，即以没有名词语尾变化的族语而论，也未尝不可以有此次序。彝语是属于孤立语的，而彝族人说"黄人骑黄马"为 ts'o sha mu sha ts'ə，直译当为"人黄马黄骑"[1]动词也是后于宾格的。由此看来，我们不能武断某一种次序为唯一合理的语式。

不但名词、动词的次序没有一定，形容词、副词的次序也是没有一定的。形容词固然可在其所形容者之前，如英语 a white horse，但也可在其所形容者之后，如法语 un cheval blanc。副词固然可在其所限制的动词之前，如汉语"慢慢地走"，但也可在动词之后，如英语 to go slowly。

但是，语言的先天的次序，虽无所谓合理不合理，语言本身的原有次序，在某一些情形之下，却是需要固定的。大凡缺乏某一类的语尾或附加成分，就不能不拿词位的固定去抵偿那缺点。例如英语缺乏名词的语尾变化，就只能说 Alexander vanquished Darius，不复能说 Darius vanquished Alexander，否则其意义恰恰弄成相反。

---

1. 例子采自丁文江《爨文丛刻甲编》。

我们知道，汉语是没有任何语尾变化的，所以词在句中的位置，自然该比屈折语更为固定。大致说来，词句的构成，可以有下列的九个规律：

（一）主格先于其动词

如"乡人饮酒"不能写成"饮乡人酒""酒饮乡人""饮酒乡人"等。

（二）宾格后于动词

如"乡人饮酒"不能写成"酒乡人饮""酒饮乡人""乡人酒饮"等。

（三）领格先于其所领的名词

如"邦君之妻"不能写成"妻之邦君"。

（四）形容词必先于其所形容之名词

如"远人不服"不能写成"人远不服"。
又如"摄乎大国之间"不能写成"摄乎国大之间"。

（五）副词必先于其所限制的动词、形容词或另一副词

1. 被限制者为动词。如"先进于礼乐"不能写成"进先于礼乐"；"亿则屡中"不能写成"亿则中屡"；"善与人交"不能写成"与人交善"。

2. 被限制者为形容词。如"名不正"不能写成"名正不"。

3. 被限制者为另一副词。如"不甚爱惜"不能写成"甚不爱惜"（"甚不"与"不甚"意义不同；若写为"甚不"，倒反是"不"字被限制，仍合于本规律）。

（六）空间副词短语，细分两种

以"于"字为介词者（文言），短语置于动词之后。如"子畏于匡"不能写成"子于匡畏"。

又如"自经于沟渎"不能写成"于沟渎自经"。（但在六朝以后是可以的，大约是渐渐走到白话的语法了。）

（七）方式副词短语，细分两种

1. 以"以"字为介词者（文言），短语置于动词前后均可。如"杀人以梃"亦可写成"以梃杀人"；"泪尽继之以血"亦可写成"泪尽，以血继之"。

2.以"拿"字为介词者（白话），短语必须置于动词之前。如"拿刀杀人"不能说成"杀人拿刀"。

（八）在被动态里，可以有三种情形

1.用助动词"为"字时，主动者须置于动词之前。如"卫太子为江充所败"（《汉书·霍光传》）不可写成"卫太子所败为江充"。

2.用介词"于"字时，主动者须置于动词之后。如"郤克伤于矢"（《左传·成公二年》）不可写成"郤克矢于伤"。

3.用助动词"被"字或"给"字时（白话），主动者须置于动词之前。如"郤克被箭伤了"或"郤克给箭射伤了"，不可写成"郤克伤了被箭"或"郤克射伤了给箭"。

（九）附属句必先于主要句

如"微管仲，吾其披发左衽矣"不能写成"吾其披发左衽矣，微管仲"。

又如"如有复我者，则吾必在汶上矣"不能写成"吾必在汶上矣，如有复我者"。[1]

在上述的九个规律当中，唯有第二个规律（宾格后于动词），

---

1. 在白话里，偶然也可以倒过来。例如"如果今天下雨，我不出去"，也可偶然说成"今天我不出去，如果下雨的话"。

在两种情形之下，是不适用的：

1. 在先秦古文里，否定句的宾格是一个代名词时，宾格必先于动词。例如"不患人之不己知""莫我知也夫"等。[1]

2. 在否定句里，若索性把宾语提到否定副词的前面，则宾语仍可在动词之前（其次序不复是"否定副词—动词—宾语"，也不是"否定副词—宾语—动词"，而是"宾语—否定副词—动词"）。例如"笃信好学，守死善道，危邦不入，乱邦不居"。

在这情形之下，我们不能认"入"与"居"为受动词，因为就上下文的语气看来，"入""居"二字显然是与"笃信好学，守死善道"同其主格，"危邦"与"乱邦"显然是宾语。这种倒装的可能性，是否定句所特有的。直到现代白话里，"我今天不喝酒"也可说成"我今天酒不喝"，但"我今天喝酒"不能说成"我今天酒喝"。[2]

大致说来，汉语里，词的次序是非常固定的。因为非常固定，故词性由词位而显，用不着像西洋语言用后加成分去表示词性，用屈折作用去表示"格""式"。例如我们知道形容词必在其所形容者之前，则"菊花黄"里面的"黄"字绝不是简单的形容词，而是变为表词的了。又如我们知道附属句必在主要句之前，于

---

1. 但是，如果宾语是一个名词，就必须置于动词之后。如"不践迹"不能写成"不迹践"。

2. 本节直至此段为止，大半采自拙著《中国文法学初探》。

是许多连词都可省略。我们用不着说"如果你不来,我就不等你了";只需说"你不来,我就不等你了"就行。

语法,本来包括口里的语言与笔下的语言的法式而言。但是,有时候,口里的语言已经进化到某一法式,笔下的语言还未肯采用;有时候,在笔下的语言里,词的次序较为固定,而在口里则颇可通融。其属于前一种情形的,例如北京话[1]:

他们没来呢还。(等于说"他们还没来呢"。)

我们老了都。(等于说"我们都老了"。)

其属于后一种情形的,例如苏州话:

俚笃来哉刚刚。(等于说"俚笃刚刚来哉"。)

俚笃来哉财。(等于说"俚笃财来哉";"财","都"也。)

上文说过,词的次序该是与观念的次序相当的。说话人在说完了"俚笃来哉"四个字之后,脑筋里才来了"刚刚"一个观念,就把它补在后面。如果写下文章来,有考虑的时间,就会把"刚

---

1. 以下两句北京话例句,只在特定的语境中使用,不是规范的句式。——编者注

刚"一词挪移到它应占的位置去了。

　　但是，这种口语的方式如果渐占优势，将来也许比传统的说法更为普遍，就有入文章的资格。谁敢担保书本上永远不会有"他们没来呢还"或"俚笃来哉刚刚"出现呢？

第二节　本性、准性与变性[1]

　　词有本性，有准性，有变性。所谓本性，是不靠其他各词的影响，本身能有此词性的；所谓准性，是为析句便利起见，姑且准定为此性的；所谓变性，是因位置关系，受他词的影响，而变化其原有词性的。

　　先说词的本性。我们按照词的本性，可以把它们分为若干类，但这种分类的标准是很难决定的。西文因有屈折作用，我们就能按照其屈折作用来分类。中文没有屈折作用，有许多详细的分类就等于赘疣。如果照逻辑的分类法去分类，这是违背语

---

1. 本节大致录自拙著《中国文法学初探》，唯举例较少。

言学原理的，因为语法与逻辑并不是同一的东西。在这一点，最好的办法是体会中国人的心理。最容易令人看得出中国人对于词类的辨别的，就是骈偶的散文或诗。依汉语的骈句看来，汉语的词只能分为下列的七类：

（一）名词

（二）代名词

（三）动词

（四）限制词

（五）关系词

（六）助词

（七）感叹词

形容词与副词不必区别[1]，因为有许多字可以限制名词或动词，而其形式不因此发生变化。例如"难事"的"难"与"难为"的"难"的形式完全相同。连词与介词不必区别，一则因为它们自身的界限本不分明，二则因为骈文里没有它们不能相配的痕迹。"以"字与"而"字为对偶，在骈文里是常事。实际上，我们也不能硬说"以"是介词而"而"是连词。"怫然而怒"的"而"字，与"节用而爱民"的"而"字，一则表示某种状态与某种动作的关系，一则表示甲动作与乙动作的关系。为析句便利起见，我们固然可以

---

1. 有时候区别起来，是为析句便利起见，并非词的本身有分别。

认前者为介词（甚或认为副词性语尾），后者为连词；但这是上下文形成的词性，并非"而"字本身有此不相同的两种词性。

助词是汉语特有的词类，有些表示动词的"时"，颇像西文的屈折作用；有些表示句的性质，颇像西文的标点。

词的准性，本可不立。但有时为析句便利，也不妨将某字暂命为某词。例如"贫乏至不能炊"的"至"字本系动词；但我们如果从权，把它认为动作的限制词，就易于分析或图解。不过，当我们研究语法的时候，仍该尽量地少谈准性。

最应该注意的乃是本性与变性的分别。汉语的字既无屈折作用，又没有语根与语尾的结合，若要使词性变更，就只能靠词的次序的形成。汉语语句中，词的次序比世界各族语更固定，有了这个特性，就省了语尾的麻烦。

除了词的次序可以使词性发生变化之外，有时候，某词为前面的词所影响，其词性似乎稍为变化。例如"也"字的本性不含疑问之意，但在"斗筲之人何足算也"句里，因为前面"何"字表示疑问，影响及于"也"字，我们似乎觉得"也"字也是带疑问性的助词。其实这是"何"字传给"也"字的一种幻象；如果我们把"何"字取消了，换上"不"字，说成"斗筲之人不足算也"，我们又觉得"也"字完全没有疑问性了。再拿"耶"字与"也"字比较，我们觉得"耶"字的本性是疑问助词，所以如果说成"斗筲之人不足算耶"，仍有疑问之意。至于"何足算也"的"也"字，就只能认为准性的疑问助词，不能认为变性的疑问助词。

又拿"乎"字与"哉"字比较，则见"乎"是真的疑问助词，不靠他词的影响，本身就有疑问性。"哉"字则不然，它必待他词的影响，然后似乎带疑问性。例如"岂有他哉"一句话里，"哉"字虽似疑问，其实是"岂"字传给它的一种幻象；如无"岂"字，则"哉"字表面上所带的疑问性也消灭了。故"伤人乎"不能写成"伤人哉"。

上面"也""哉"二字的例子，只是假的变性（即准性），不是真的变性。真的变性并非一种幻象，却是受上下文影响而词性完全变更。汉语的绝大弹性，形成了词性的变化多端；然而终不至于毫无条理者，实因词的次序已成固定的缘故。其变化的定律，有最显明的几条如下：

（一）动词

1. 外动词后无宾语者，变受动词。[1]

---

1. 这是汉语的被动态，如果改为欧化的句子，则成为"文王被拘而演周易"等语。但这种"被"字还不能处处应用，例如"难必抒矣"绝不能改为"难必被抒矣"。现代白话也只说"饭没有烧好"，不说"饭没有被烧好"。

舜有臣五人而天下治。(《论语·泰伯》)

吾不试,故艺。(《论语·子罕》)

君子疾没世而名不称焉。(《论语·卫灵公》)

有此四德者,难必抒矣。(《左传·文公六年》)

盖文王拘而演《周易》;仲尼厄而作《春秋》;屈原放逐,乃赋《离骚》。(《报任安书》)

2. 内动词后加宾语者,变外动词。

小子鸣鼓而攻之可也。(《论语·先进》)

今我逃楚,楚必骄。(《左传·襄公十年》)

太史公读秦记至犬戎败幽王。(《史记·六国年表》)

天之亡人国,其祸败必出于智所不及。(《东坡志林》)

3. 名词、形容词、内动词在代名词之前者,皆变外动词。

(1)名词

睹其一战而胜,欲从而帝之。(《战国策》)

曲肱而枕之。(《论语·述而》)

友其士之仁者。(《论语·卫灵公》)

于是乘其车，揭其剑，过其友，曰："孟尝君客我。"(《战国策》)

（2）形容词

博我以文，约我以礼。(《论语·子罕》)

夫子欲寡其过而未能也。(《论语·宪问》)

秦王足已而不问，遂过而不变。(《过秦论》)

少君之费，寡君之欲，虽无粮而乃足。(《庄子·山木》)

德泽有加焉，犹尚如是，况莫大诸侯，权力且十此者乎？
(《陈政事疏》)

（3）内动词

起予者，商也。(《论语·八佾》)

三已之，无愠色。(《论语·公冶长》)

求也退，故进之；由也兼人，故退之。(《论语·先进》)

故远人不服，则修文德以来之。(《论语·季氏》)

4. 介词"於"字("于"字)前只有名词而无动词时,则此名词变为动词。

栾黡士鲂门于北门。(《左传·襄公九年》)

甲戌,师于氾。(《左传·襄公九年》)

靡衣玉食以馆于上者,何可胜数?(《东坡志林》)

5. "不"字后的名词变动词。

何以不地?(《公羊传》)

君子不器。(《论语·为政》)

人之不力于道者,昏不思也。(《复性书》)

不耕而食鸟兽之肉,不蚕而衣鸟兽之皮。(《易论》)

6. "所"字后的名词、形容词、副词变为动词。

何至一旦便易此情于所天?(《资治通鉴·晋纪》)

其所厚者薄,而其所薄者厚。(《大学》)

天子所右，则寡君亦右之，所左亦左之。(《左传·襄公
十年》)

诚欲以霸王为志，则战攻非所先。(《齐策》)

(二)名词

1."其"字后仅有形容词而无名词，则此形容词变名词。

其知可及也，其愚不可及也。(《论语·公冶长》)
抑之欲其奥，扬之欲其明。(《答韦中立论师道书》)

2."之"字后仅有形容词而无名词，则此形容词变名词。

不有祝鮀之佞，而有宋朝之美。(《论语·雍也》)
不知鞍马之勤，道途之远也。(《至邓州北寄上襄阳于相
公书》)

（三）形容词

凡两名词相连，前者变形容词。

夫颛臾，昔者先王以为东蒙主。(《论语·季氏》)
割鸡焉用牛刀?(《论语·阳货》)

（四）副词

凡动词前的名词不能认为主格者，变副词。

豕人立而啼。(《左传》)
有席卷天下，包举宇内，囊括四海之意。(《过秦论》)
圣人者立，然后知宫居而粒食。(《送浮屠文畅师序》)
由冉溪西南水行十里。(《袁家渴记》)

以上所举诸定律，还不能算完备，至少还可以加上一倍有余。再说，纵使我们详细找出许多定律，认为完备了的时候，也不能说毫无例外。在那些例外里，我们可说词性不受位置的影响，只受上下文意义的衬托，使人们意会而知其性质。又有利用骈句，使词的变性更显者。

这些句子，假使不是骈偶的，就比较难懂了。上面所列诸定律，除甲类第一条、乙类第一二两条及丙类外，在现代口语里已成死法。"帝之"不可译为"帝他"，"寡其过"不可译为"少他的过失"，"不器""不蚕""逃楚""败幽王""人立""粒食"等语，都不能用入白话里。上古的中国人，实际上有没有这种口语，现在尚未考定。所可断定者，自唐朝以后，古文家利用词性变化的定律以求文字的简练，绝非当时的口语能如此。为什么文章能因此简练呢？因为这些变性的词，在变性之后，往往仍兼本性，例如"帝之"等于说"以之为帝"，"帝"字虽加添了动词性，然而"皇帝"的本义仍在其中。因此，词性变化的定律竟成了古文家的秘诀。

第三节　各地语法的异同

如果拿语音、语法、词汇三者比较，各地语音、词汇的殊异很大，而语法的殊异很小。就语言的历史而论，语音、词汇易变，只有语法难变。中国各地的方言该是同源的，我们料想它们的语音、词汇在原始一定相同。后来因为语音、词汇易变，它们分道扬镳，就弄成现在极端复杂的样子。语法难变，所以它不能与语音、词汇并驾齐驱，各地的语法都离原始出发点不很远，同时，它们相互间的距离也不很远。各地的人说话互相不懂，首先是词汇作梗，其次是语音作怪，与语法的殊异无关；因为语法的殊异实在太小了。

但是,殊异大小,只是相对的说法;如果我们仔细观察,各地的语法并不完全相同。当你依照北京语法去说广州话的时候,广州人虽能完全懂得,但他们仍旧觉得你不够广州话的派头,就因为你没有遵用广州的语法。

要知道各地语法的异同,首先该把词汇与语法的界限分别清楚。例如:

北京人说:今天下雨。

苏州人说:今朝落雨。

广州人说:今日落雨。

这只是语音、词汇上的不同,在语法上则毫无分别。语音上不同,不必解说,大家都可明白;词汇上的殊异,如北京说"今天",苏州说"今朝",广州说"今日";又如北京说"下雨",广州、苏州说"落雨"。然而语法上并没有什么不同,因三处方言都是把副词性的"今天"放在第一,动词放在第二,名词放在第三。像这一种的句子,非但三处方言如此,全国方言也莫不如此。在此情形之下,我们可以说全国方言有其共同的语法。

至于要看各地语法的异点,我们可以定下两个标准:

(一)词的位置不同;

(二)虚词的用法不同。

以词的位置为标准者，又可细分为下列诸类：

1.动词的位置

官话、吴语(大部分)：到南京去。

闽语、粤语、客家话：去南京。

2.副词的位置

（1）数量的限制。

官话、吴语：多买几本书。

闽语、粤语、客家话：买多几本书。

（2）方式的限制。

官话：快到杭州了。

吴语：杭州到快哉。

3.介词的位置

官话、吴语:猫比狗小。

粤语:猫细过狗。

客家话:猫比狗过细。

4.动词语尾的位置

官话:挣得到许多钱。

吴语:赚得着交关铜钿。(与官话语法同)

客家话:賺[1]得许多钱倒。

5.间接宾语的位置

官话:给你钱。

吴语:拨傛铜钿。

（间接宾格在直接宾格之前）

粤语:畀钱你。

客家话:刡[2]钱你。

（间接宾格在直接宾格之后）

---

1. "賺",客家念[tsuon],赚也。

2. "刡",客家念[pun],给也。

以虚词的用法为标准者，又可细分为三类：

1.虚词的数量相等，但用途有广狭之分。例如：

北京的"了"——苏州的 { "哉" "仔" "格"

北京"他去了。"——苏州"俚去哉。"

北京"等他去了再说。"——苏州"等俚去仔再说。"

北京"我看见他了。"

——苏州 { "我看见俚格。"(I saw him.) "我看见俚哉。"[1](I have seen him.)

2.虚词的数量不相等，因而甲地的语法不如乙地语法之细。

例如：

北京人说："他们早已走了。"

苏州人说："俚笃老早去个哉。"

苏州单说"个"是表示过去，单说"哉"是表示完事，"个哉"连

---

1. 或"我看见仔俚哉"。

着说是加重完事的语气。北京对于加重完事的语气，没有特别的说法，仍只用一个"了"字。

3.乙地的虚词用法为甲地所无。例如：

①
北京："我站在他旁边说。"
苏州："我立拉俚旁边唠说。"

②
北京："他就张开眼睛坐起来。"
苏州："俚就张开眼睛唠坐起来。"

苏州的"唠"，北京无词可与它相等，只有文言里的"而"字与它颇相仿佛〔"（彼）立其旁而言""（彼）张目而起坐"〕。

上述的两个标准还不能概括各地语法的异同。譬如说助动词用法的殊异，就在那两个标准之外。我们试看：

①
北京人说："他没有说什么。"或"他没说什么。"
上海人说："伊呒末话啥。"
广州人说："佢冇讲乜野。"[1]

---

1. "冇"，广州念[mou]。"乜"，广州念[mat]。

②
苏州人说:"俚嬔[1]说啥。"
嘉应州人说:"渠円讲乜介[2]。"
博白(广西南部)人说:"其冇曾讲么个。"

北京、上海、广州是一派,他们都借动词为助动词(像英文 verb"to have"为 auxiliary);苏州、嘉应州、博白是另一派,他们都不用助动词而用副词(等于文言的"未"或"未尝")。由这一种情形看来,我们还可以知道一件事,就是同系的方言也可以有不相同的语法(如上海与苏州,广州与博白),不同系的方言更可以有相同的语法(如北京与上海,苏州与嘉应州)。

有时候,语法的分别,与词汇的分别同时存在。例如上海的"呒末"等于文言的"无"与"未",也等于苏州的"呒不"与"嬔";于是我们注意到上海"呒末"一词的语法用途较广,同时它的意义范围也较广。在这种情形之下,语法、词汇二者都有分别,我们是不应该只看见一方面的。

---

1. "嬔",苏州念[fen],"不曾"也。

2. "円",客家念[mang],"不曾"也。"乜介",客家念[mat-kai],等于北京的"什么"。

第四节　古今语法的演变[1]

　　所谓古语法与今语法，就是普通所谓文言文的语法与白话文的语法。把汉语法分为古今两大类，在表面上看来似乎不通，因为至少该按时代分为若干期，成为语法史的研究。但是，五四时期的文章（指写下来的语言）从古文变为白话是那样突然，就令我们感觉到文言文与白话文所代表的语言是两种距离极远的时代的语言。我们如果从这两种文体去窥视语法史的简单轮廓，一定较易见功。本节为篇幅所限，只能专就代名词讨论，更是轮廓之轮廓了。

---

1. 本节大致采自拙著《中国文法学初探》。

第一，我们注意到代名词的人称与格。在上古汉语里，代名词的第一人称与第二人称为一类，第三人称自为一类。上古代名词第三人称没有主格，与第一人称之有主格者大不相同。例如：

白话的："我从卫国回鲁国。"可译为文言的："吾自卫反鲁。"

白话的："你到哪里去?"可译为文言的："女何之?"

白话的："他是你的朋友。"不可译为文言的："其为尔友。"

固然，我们不曾忘了代名词"彼"字可以用于主格。但我们须知，"彼"字本为指示代名词，与"此"字相对待。在古书中，"彼"字虽偶然借用为人称代名词，但仍有彼此比较之意。例如：

彼丈夫也，我丈夫也，吾何畏彼哉?(《孟子·滕文公上》)

彼夺其民时。(《孟子·梁惠王上》)

彼陷溺其民。(《孟子·梁惠王上》)

充其量，我们只能承认"彼"字是指示性很重的代名词，其词性与"其""之"二字不能相提并论。我们再看有些"其"字似乎可为主格：

其为人也孝弟。(《论语·学而》)

其行己也恭，其事上也敬，其养民也惠，其使民也义。(《论语·公冶长》)

王若隐其无罪而就死地。(《孟子·梁惠王上》)

然而这些"其"字在实际上也有领格的性质；"其"字后的动词与其附属语都可认为带名词性。因此"其"字与其动词合起来只能算一个主格(如第一、二例)或一个宾格(如第三例)。如果这主格之后不加叙述或说明，这宾格之前不加动词，就不能成为完整的一句话。假使我们简单地说："其无罪而就死地"，就等于有宾格而没有主要动词。在白话里："他没有罪而被杀"是合于语法的；在文言里，若说"其无罪而就死地"，就不通了。

在古文里，普通的句子既然不用主格的第三人称代名词，那么，主要动词的主格只能靠名词的复说，否则唯有把它省略了。

名词复说的如下诸例：

齐侯欲以文姜妻郑太子忽，太子忽辞。(《左传·桓公六年》)

且私许复曹卫。曹卫告绝于楚。(《左传·僖公二十八年》)

非神败令尹，令尹其不勤民，实自败也。(《左传·僖公二十八年》)

臾骈之人欲尽杀贾氏以报焉。臾骈曰："不可。"(《左传·文公六年》)

代名词省略的如下诸例：

公谓公孙枝曰："夷吾其定乎?"对曰："臣闻之，唯则定国。"(《左传·僖公九年》)

夫人以告，遂使收之。(《左传·宣公四年》)

郤子至，请伐齐，晋侯不许；请以其私属，又不许。(《左传·宣公十七年》)

射其左，越于车下；射其右，毙于车中。(《左传·成公二年》)

这一类的省略法，不能拿来与下面的例子相比：

> 孟之反不伐。奔而殿，将入门，策其马，曰："非敢后也，马不进也。"（《论语·雍也》）

因为"奔""入""策""曰"四种动作的主格都是孟之反，所以省去了代名词之后仍可借上句的主格为主格。至若"射其左"等句，"射"与"越"的主格并不相同，似乎主格的代名词必不可省。

然而我们试想：假使我们不改变这句动词的性质与位置，有什么法子可以使句子更完善些呢？如果把主格的名词完全补出，未免太啰嗦了。如果把主格的代名词补出，写成：

> 彼射其左，彼越于车下；彼射其右，彼毙于车中。

姑勿论"彼"字在上古没有这种用法，单就句的意义而论，我们觉得这种代名词实在毫无用处。加上了四个"彼"字，反易令人误会是同一的主格。由此一点，我们可以悟到：这种"语像"能促成古人不用第三人称代名词的主格。

古人虽不用第三人称代名词的主格，但遇必要时，他们可以用些虚词去表示动词的主格之变换。上文所举"夫人以告，遂使收之"句中的"遂"字，已经令人悟到"使"的主格是变换了的。但是，最普通的还是用连词"则"字。试读下列的《论语》两章：

> 哀公问曰："何为则民服?"孔子对曰："举直错诸枉，则民服;举枉错诸直，则民不服。"(《为政》)
>
> 季康子问："使民敬、忠以劝，如之何?"子曰："临之以庄，则敬;孝慈，则忠;举善而教不能，则劝。"(《为政》)

在第一章里，也可以说"举直错诸枉，则服;举枉错诸直，则不服。"在第二章里，也可以说"临之以庄，则民敬"，等等。可见"则"字比主格还更重要。有了"则"字，就表示这动作是那动作的结果，再加上了上文的语气，就知道这动作与那动作不是属于同一的主格了。

往往有人误以文言的"其"字与白话的"他"字相当，以致写下来的文言文不合古代的语法。其实我们只要守着下面的两个规律，就不至于不会用"其"字了：

1."他"字可用为代名词主格，"其"字不能;

2.在古文里，宾格无论直接、间接，必须用"之"，不能用"其"。

依这两个规律，我们就可知道"他不去"不能写作"其不往"[1]，"替他执鞭"不能写成"为其执鞭"等。

第二，我们注意到代名词的数。在上古汉语里，代名词单复数是同一形式的，至少在文字的表现上是如此。譬如下列诸例：

1.第一人称复数仍用"吾""我"等字：

楚弱于晋，晋不吾疾也；晋疾，楚将辟之，何为而使晋师致死于我?(《左传·襄公十一年》)

2.第二人称复数仍用"尔"字：

尔无我诈，我无尔虞。(《左传·成公二年》)
子曰："以吾一日长乎尔，无吾以也。"(《论语·先进》)
如或知尔，则何以哉?(《论语·先进》)

---

1. 但"怪他不去"可写作"责其不往"，因为在这种情形之下，"其"字是"兼格"，兼有宾格与主格两重职务，不是简单的主格。

3. 第三人称复数仍用"其""之"等字：

> 齐、晋、秦、楚，其在成周，微甚。(《史记·十二诸侯年表序》)
>
> 今天下大安，万民熙熙，朕与单于为之父母。(《史记·匈奴列传》)
>
> 长沮桀溺耦而耕，孔子过之。(《论语·微子》)

总之，白话的"我们"，译为文言可用"吾"或"我"；白话的"你们"，译为文言可用"尔"；白话的"他们"，译为文言可用"其"或"之"，或"彼"。古人虽有"吾人""吾党""吾曹""吾侪""若辈""彼辈""彼等"种种说法，但这些说法在先秦甚为罕见；有时偶见于书，也可以把"吾""尔""彼"等字认为领格。"吾曹""吾辈""吾侪"等于现在说"我们这班人"或"我们这一类的人"，所以"吾""尔""彼"等字在此情形之下仍当认为领格代名词的复数，不当与"侪""辈"等字合并认为一个不可分析的单位。例如：

> 文王犹用众，况吾侪乎?(《左传·成公二年》)

意思是说"何况我们这一类的人"，非简单的代名词可比。非但人称代名词在上古没有复数的形式，就是指示形容词或指示代名词也没有复数的形式；换句话说，白话里"这些""那些"等词，如果译为文言，只能写成"此""斯""彼"等字，与单数的形式完全相同。例如：

> 今此下民……(《孟子·公孙丑上》)
>
> 吾非斯人之徒与而谁与?(《论语·微子》)

这一点，非但违反了西洋人的心理，甚至违反了现代中国人的心理。我们似乎可以拿声调去解释，说代名词的数由声调表示，写下来虽然一样，念起来却是两样，有点儿像现代北京询问词的"那"与指示词的"那"，写起来是一样的，念起来则前者是上声，后者是去声。[1]但是，这种猜想的危险性太大了，因为我们找不出什么证据。不过，我们试就语法的本身想一想，代名词的数是不是必不可缺的东西？就汉语本身而论，名词单复数既可用同一的形式，代名词是名词的替身，其单复数何尝不可用同一的形式？名词既可由意会而知其单复数，代名词的单复数何尝不可由意会而知？梵文与古希腊语里，除了单复数之外，还有一个"双数"；但现代欧洲诸族语大部分没有"双数"与单复数对立，我

---

1. 此情况仅适用于白话文开始流行的一段时间，后来"哪"与"那"分得很清楚。——编者注

们并不觉得它们不合逻辑。同理,我们的祖宗嘴里的代名词没有数的分别,也像动词没有时的分别,一般不能令他们感觉到词不达意之苦。

以上单就代名词而论,自然只是举例的性质。关于古今语法的演变,尽可以写成很厚的一部汉语语法史。其中最重要的,如虚词用法的演变[1]、系词的产生及其变迁[2]等大问题,都不是这里所能详论的了。

---

1. 参看拙著《中国文法学初探》,其中论及关系词(虚词之一种)的演变。
2. 参看拙著《中国文法中的系词》。

［唐］赵福 《羊图》

第四章

词汇

第一节　词汇与语音的关系

　　词汇与语音的关系，最显然的是所谓拟声法，就是模仿自然的声音。例如鸭声 ap ap 就叫它做"鸭"，猫声 mieu mieu 就叫它做"猫"，雀声 tsiak tsiak 就叫它做"雀"，等等。这是以动物的声音为其名称的。

　　至于模仿声音以成副词的，就更多了。例如鸠鸣"关关"，鹿鸣"呦呦"，风声"萧萧"，水声"潺潺"，虫声"唧唧"，鸟声"磔格钩辀"，多至不可胜数。然而这种拟声法只能得其大略，不能逼真；所以同是一物之声，在各族语里可以译成种种不同的语音。例如鸭声在英语为 quack，在法语为 couin couin，在意大利语为 qua

qua，在德语为 gack gack、gick gack、quack quack、pack pack，在丹麦语为 rap rap 等。

除了上述的拟声法之外，词汇与语音有没有自然而且必然的关系呢？19 世纪的语源学家多数相信是有关系的。法国皮埃尔·拉鲁斯（Larousse，1817—1875）在他所著的《拉丁字根考》（*Jardin des Racines Latines*）第一课里，曾举出许多例子，如：

[s-]表示尖锐破裂之音：signe，source；

[r-、cr-、fr-、br-、pr、gr-、tr-]表示粗或强之音：cri，frotter；

[fl-]表示液体流动或气体动荡之音：fleuve，flot，souffle。

后世语言学家有反对此说的：格雷瓜尔（Grégoire）以为同一观念，在不同的族语里，可成为不同的语音；方德里叶（Vendryes）以为 rivière 与 torrent 有流动之义而没有[fl-]之音，fleur 有[fl-]之音而没有流动之义。我们如果拿汉语来比较，也觉得"江""河""溪""涧"都与[fl-]之音相差很远。因此，我们绝不能相信词汇与语音有自然而且必然的关系了。

但是，词汇与语音，在原始时虽没有必然的关系，但在词汇发展的过程中，却可以有连带的关系。换句话说，意义相近者其音往往相近，音相近者其意义也往往相近。例如[1]：

毌	kuân	穿物持之也
贯	kuân	钱贝之贯也
摜	kuan	贯也（"摜甲"犹言"贯甲"）
環	guan	璧肉好若一也
鐍	ki̯wet	环之有舌者也
綄	kuan	织以丝贯杼也
关	kuan	以木横持门户也
辖	guat	车轴头铁也
扃	ki̯weng	外闭之关也
铉	gi̯wen	鼎扛也（谓所以贯鼎而举之者）
键	g'i̯ăn	铉也

即此一例，已可证明语音与意义的关系绝非偶然。我们可以假定原始先有一个字（例如"毌"），后来加造新字，就自然倾向于采取同音不同调或语音相近的字了。不过，我们并不能因此

---

1. 举例采自章太炎《文始》一，注音依高本汉（B.Karlgren），《汉语词族》（*Word Families in Chinese*），指上古音而言。

就说意义相近者其音必相近。如"贯"与"通"意义相近，而其音并不相近。我们尤其不能说音相近者意义必相近。如"官""冠""观"皆与"贯"音相近，而其意义则相差甚远。

凡两词的意义相对立者，其音亦往往相近。有些是声母相同，所谓"双声"；另有些是韵母相同（包括韵腹、韵尾），所谓"叠韵"。声母相同或差不多的，例如[1]：

"古"ko	"今"kiəm	"疏"sio	"数"sǔk
"加"ka	"减"kɛm	"消"siog	"息"siək
"生"sieng	"死"siər	"燥"sog	"湿"siəp
"明"miɐng	"灭"miat	"锐"dwad	"钝"d'wən
"文"miwən	"武"miwo	"规"kiwěg	"矩"kiwo
"褒"pôg	"贬"piam	"男"nəm	"女"nio

韵母相同或差不多的，例如：

| "旦"tân | "晚"miwǎn | "晨"ziən | "昏"xwən |

---

1. 举例大致采自章太炎《转注假借说》，《国故论衡》，音值系暂时拟定的上古音。

"好"xôg　　"丑"ts'iôg　　"新"si̯ěn　　"陈"d'iěn

"听"ts'ung　　"聋"lung　　"头"d'ug　　"足"tsuk

"起"k'iəg　　"止"tsi̯əg　　"央"iang　　"旁"b'âng

"寒"ɣân　　"暖"nwân　　"水"siwər　　"火"xwər

"祥"ziang　　"殃"iang　　"老"lôg　　"幼"iôg

　　此外还有许多"双音词"，即古人所谓"连语"或"联绵字"，也是由双声或叠韵组合而成的：

　　其属于双声者，如"流离""含胡""踌躇""黾勉""唐棣"等。

　　其属于叠韵者，如"胡卢""支离""章皇""蹉跎""逍遥"等。

　　甚至古人的名字也喜欢用双声或叠韵，例如"胡亥"是双声，"扶苏"是叠韵。钱大昕在《十驾斋养新录》里，举出这一类的例子很多。总之，双声叠韵在汉语言史上曾有很大的任务，清代的学者已经注意到，而我们现在也不能否认这种事实。

　　汉语里的字音，有"读破"的办法。例如"恶"字念入声是善恶的"恶"（形容词），念去声是好恶的"恶"（动词），念平声是"恶乎成名"的"恶"（副词）。"乐"字读若"岳"，是音乐的"乐"（名词）；读若"洛"，是喜乐的"乐"（内动词）；如果读为鱼教切，则是"仁者乐山"的"乐"（外动词）。此外如"易""为""观""见"等字，都有两音以上。顾炎武曾注意到上古没有这种办法[1]，例如《离骚》：

> 理弱而媒拙兮，恐导言之不固；世溷浊而嫉贤兮，好蔽美而称恶。

"恶"字与"固"字叶韵，显然是念去声；在"好蔽美而称恶"一句里，却又显然是"善恶"的"恶"。可见"善恶"的"恶"本来也可以念去声。"读破"的办法是后起的，至少可以说不像后代这样分得清楚。

我们推想"读破法"之起源，大约是由于人类喜欢辨别的心理。"恶"字既有几种意义，就索性把它念成几种语音，以免相混。不过，等到音义都不相同之后，即使字形相同[2]，我们也该认为两字。因为文字只是语言的符号。在语言里显然有分别的两个词，在文字上不能分别，我们反该怪文字不能尽职了。

---

1. 见《音论》，"先儒两声各义之说不尽然"条。

2. 近代对于读破的字，也有令其字形有分别的，就是在字的四角加上一个声调符号。如"好恶"的"恶"写做"恶°"，"恶乎成名"的"恶"写做"°恶"。

第二节　词汇与意义的参差

依语言的原则说,每词只该有一种意义,以免对话人猜测之劳;每一种意义也该只用一个词为代表,因为"以一表一"已经够用,多了反嫌重复。

但是,依语言的实际情形说,却与上述的情形相反。如果我们把文字也看作语言之一种,那么,词汇与意义的参差可分为三类:

同音词　　如英文 write、right

同形词　　如英文 fair(市场)、fair(美)

同义词　　如英文 polite、courteous

（一）同音词

是指字音虽同，字形字义各异而言。在汉语里，此种情形特别多，因为汉语是单音语占优势的缘故。例如"余、馀、与、欤""胡、湖、瑚、猢、醐、乎、狐、壶"等，念起来声音完全相同，写起来才有分别。所以有人说汉语是"以目治"的，不是"以耳治"的。甚至有人（如 Keraval）说，中国人说话不能为对话人所了解的时候，要用指头在掌上写字给他看。这虽说得过分些，但有些字（尤其是在文言里）不能一听就懂，却是事实。

（二）同形词

是指字音字形皆同，唯字义各异而言。[1] 例如：

师 { 1.二千五百人为师
    2.范也，教人以道者之称

1.　自然也可以是同形不同音，但究竟同音的占多数。

$$
徒
\begin{cases}
1.\text{党也} \\
2.\text{弟子也} \\
3.\text{步行也} \\
4.\text{但也}
\end{cases}
$$

$$
巾
\begin{cases}
1.\text{佩巾也} \\
2.\text{蒙首衣也}
\end{cases}
$$

（三）同义词

是指同一意义可由两个以上的词为代表。在汉语里，意义相同的词甚多。例如《尔雅》所载：

初、哉、首、基、肇、祖、元、胎、俶、落、权舆，始也。

仪、若、祥、淑、鲜、省、臧、嘉、令、类、綝、馨、攻、穀、介、徽，善也。

由上述诸例看来，词汇与意义的参差是显然的。但我们如果做精细的观察，则见问题并不如此简单。我们首先须知：词义是临时的、唯一的。词的本身没有生命，等它到了句子里，才有了生命。无论何词，一到了句子里，其意义就变为"临时的"，与别的时候的意义不一定相同；又是"唯一的"，与别的词义绝不至于相混。由此而论，所谓同音词（一音多义）、同形词（一字多义）、同义词（一义多词），都成了虚话。现在试仔细讨论如下：

（1）同音词既是一音多义，似乎会有意义含糊的毛病；然而这一类的毛病，多半为上下文所补救了。譬如你说"一把茶壶"与"不亦乐乎"，绝对不致令人误会为"一把茶乎"或"不亦乐壶"。这因为上下文的环境所限，绝不容我们有所误解。况且自从汉语复音词渐有增加之后，同音的词也跟着减少。如"狐狸"的"狐"，在白话里，绝不会与"糊涂"的"糊"相混。这是就口语而论的，已经不会有含糊的毛病。至于写下来的文章，既然字形不同，就越发不成问题了。

（2）同形词本可与同音词并为一谈，因为如果遇着不识字的人，就没有音与形的分别了。再说，从同形词也可演变为同音词。例如：

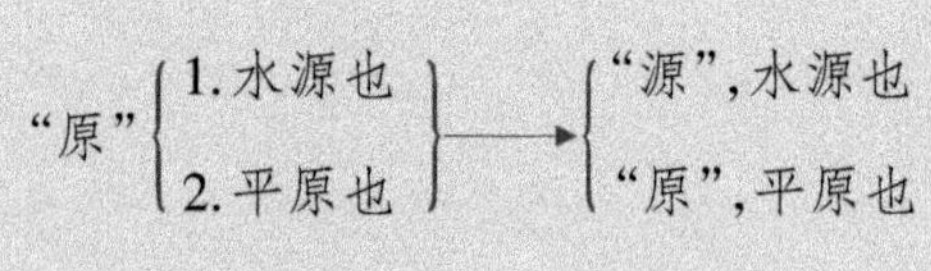

"原"｛1.水源也 2.平原也｝ → ｛"源"，水源也 "原"，平原也｝

这本是同形词，但后代已经把第一个意义写作"源"，于是变为同音词，因为字形已经不同了。

无论同形词或同音词，都可总称为"一词多义"，换句话说，就是用同一的语音去表示几个不同的观念。同形词也像同音词一般，其含糊的意义可为上下文所补救。"陆军第十师师长"的"师"与"他是我的老师"的"师"，何尝不是一听就有了分别呢？它也可为复音词所补救，"书信"的"信"与"信用"的"信"，是绝不至于混淆的。

普通所谓一词多义，往往有两种误解。第一，误以已死的意义与现行的意义同列。如"信"字虽有"再宿"一义，然而此种意义早已死去。现代文言中虽可说"信宿而行"，但"信宿"乃是已死的成语；我们再也不能如《诗经·豳风》"于女信处"，或《诗经·周颂》"有客信信"那样活用了。在白话里，连"信宿"也不说了。但"信"字在近代又产生了一种新意义，如"我昨天收到了他的一封信"，"信"字当"书信"讲。假使我们现在说"信"字有下列的六种意义：

1.真实也　　2.信用也　　3.信任不疑也

4.使者也　　5.书信也　　6.再宿也

这种说法是不妥的。当"信"字产生"书信"的意义的时候，"再宿"的意义已成过去，它们二者的时代不同，就不该相提并论。严格地说，"使者"的意义也不该与"书信"的意义并列；因为"书信"的意义是从"使者"的意义生出来的，"书信"即是"使者"的替身。除了"信使往还"一类的成语之外，一般人再也不会像《史记·韩世家》称使臣为"信臣"那样活用了。

第二，误以为一词可有两种以上的并行的意义，换句话说，就是误认这几种意义是同样重要，不相隶属的。其实，严格地说，每词只能有一个本义，其余都是引申的意义。例如"媚"字，《说文》只注一种意义"说也"；《辞源》里却注它有两种意义：

1. 谄也。《史记》：非独女以色媚，士宦亦有之。
2. 爱也，亲顺也。《诗经》：媚兹一人。

其实"媚"的本义只是"说也"，"说"同"悦"，等于现代白话所谓"讨好"。从坏的方面说，讨好就是谄；从好的方面说，讨好就是爱或亲顺了。又如"悉"字，依《辞源》所载，它有三种意义：

1.知也。如审悉，熟悉。

2.详尽也。《汉书》：古之治天下，至纤至悉也。

3.皆也。《汉书》：悉引兵渡河。

其实"悉"的本义只是"详尽"（第二义），是一个形容词。引申为副词，就是"尽"的意思（第三义）；引申为动词，就是"知道得详尽"的意思。

本义是占优势的，但它不一定能永远占优势。一旦失势，引申之义起而夺取其优越之地位，原有的本义反倒湮没无闻。例如"检"字，依《说文》是"书署也"，本是书的标签的意思，引申为"检查"的"检"。但自汉代以后，"检查"的意义已占优势，"标签"的意义反倒湮没无闻。轮着"检查"为本义，而"检讨"的"检"，却又是"检查"的引申义了。

本义只能有一个。如果一个词包含着两个势均力敌的意义，我们只好把它们当作两个词看待。法国语言学家方德里叶把当"羽毛"解释的 plume 与当"笔头"解释的 plume 认为两个词，就是这个道理。例如上述"信用"的"信"与"书信"的"信"，两种意义势均力敌，这与同音词并没有什么分别。研究语言的人，当以语言为标准，不当以文字为标准。在语言里，"信用""书信"

"迅速"，其中三个sin音，就有三种不同的解释。我们该把它们视同一律，不该为文字所迷惑。如果我们说"信用"的"信"与"书信"的"信"距离近些，与"迅速"的"迅"距离远些，就是上了文字的当了。[1]

（3）末了，说到一义多词。这也是一种误解。实际上，没有两个词的用途是完全相同的。例如上文所述"初"字与"始"字同义，"嘉"字与"善"字同义，这只是说在某一些情形之下，它们可以相通。"初入学校"可以换为"始入学校"，"嘉言"可以换为"善言"，这是可以通用的。但是，在大多数情形之下，它们却各有不同的用途，如"八月初一"不能写成"八月始一"，"嘉纳"不能写成"善纳"，"其志可嘉"也不能写成"其志可善"。至于"首""元"等字之与"始""令""淑"等字之与"善"（见上文所引《尔雅》），更不能谓为同义，只能说它们在千百种用途当中，偶然有几种用途相仿佛罢了。

---

1. 北京"迅""信"不同音，这里是指中国多数方言而言。

第三节　各地词汇的异同

　　中国各地的人，互相听不懂话，并非因为语法的不同（上章说过，各地语法的差别是很小的），而是因为语音或词汇的殊异。再拿语音与词汇比较，我们觉得词汇的殊异更足以障碍双方的了解。这有两种原因：第一，语音是有系统的，词汇是没有系统的。我们知道了一个字音，便可用类推法去猜知许多字音；但我们知道了某地的一个词之后，并不能用类推法去猜知许多词。第二，各地语音虽说不同，毕竟有些仿佛。例如"见"字，北京音是 tçian，苏州音是 tçie，客家音是 kian。北京与苏州的声母相同，客家与北京的韵母相同。苏州人听客家的"见"字，自然难懂些；

然而到底大家都是齐齿呼，仍有相同之点。况且苏州音与客家音，并不是每个字都像"见"字这样差得很远。例如"黑"字，苏州音与客家音就很相近（苏州念 hə▼，客家念 het 或 hət）。可惜苏州人说的"黑个（的）衣裳"，在客家人口里却变为"乌个衣裳"！这只能怪词汇的殊异了。

各地词汇的异同，可分为同词同义、同词异义、同义异词三方面来讨论。

（一）所谓同词同义，就是两地的语词与意义完全相同，只在语音上有分别。假如把这些语词写下来，两地都是一样的写法。例如"东方红，太阳升"这一句话，是全中国可以通用的。甲地的人听乙地的人说这句话，很容易听得懂。即使听不懂，也只能怪语音的殊异，与词汇毫无关系。

（二）至于同词异义，乃是甲乙两地都有这个词，乍听起来是一样的，实际上它们的含义各有不同。例如苏州的"那么"（读如苏州音的"难末"），乍听起来很像北京的"那么"，其实苏州的"那么"略等于文言的"于是"，北京的"那么"略等于文言的"然则"。苏州另有一个"格末"，略等于文言的"然则"，才与北京的"那么"大致相当。又如嘉兴的"阿爹"是父亲，苏州的"阿爹"是祖父，博白（广西）的"阿爹"是外祖母。苏州的"娘娘"是姑母，常州的"娘娘"是母亲。粤语和客家话的"兄弟"等于文言的"兄弟"，官话和吴语的"兄弟"只等于文言的一个"弟"字，另以"弟兄"去替代文言的"兄弟"。广州的"交关"略等于北京的"厉害"，上海的"交关"略等于北京的"很"。苏州的"北瓜"等于常州的"南瓜"，苏州的"南瓜"等于常州的"北瓜"。苏州的"馒头"等于北京的"包子"，苏州的"包子"等于北京的"馒头"。北京的"走"等于文言的"行"，广州的"走"等于文言的"走"。这种同词异义的例子，可以举得很多。我们听外地的人说话，对于这一类的语词，最容易上当。同词同义，自然不生问题；同义异词，完全听不懂，也就索性不去管它；唯有同词异义，听起来似懂不懂，就最容易发生误会了。

另有一种情形，是介乎同词同义与同词异义之间的：在某一些用途上，同此一词，甲乙两地都可通用；在另一些用途上，甲乙两地所用的词却不相同了。例如"高"字，在官话、吴语、闽语、粤语、客家话的词汇里都有它。乍看起来，它在这五系方言里的用途，似乎是一样的。不错，譬如你说"这棵树很高"，在此情形之下，全国人大约都用"高"字。但是，广州人说的"佢生得好高"，译成苏州话却是"俚长得蛮长"，译成北京话却是"他长得个子很大"。可见广州的"高"与苏州、北京的"高"，只在某一些用途上是同义的；在另一些用途上，广州能用"高"（客家同），苏州、北京却不能用"高"[1]，这就显出用途广狭的殊异来了。又如：

---

1. 在文雅的语言里，自然还可用"高"字，但这只是书本的影响。

$$\text{广州的“讲”}=\text{北京的}\begin{cases}1.\text{“讲”}\\2.\text{“说”}\end{cases}$$

所以广州的"讲道理"仍等于北京的"讲道理",而不能译为"说道理";广州的"讲乜[1]野"可译为北京的"说什么",不大能译为"讲什么"。又如：

$$\text{嘉应州的“爱”}=\text{北京的}\begin{cases}1.\text{“爱”}\\2.\text{“要”}\end{cases}$$

所以嘉应州的"我爱你"仍等于北京的"我爱你",而不能译为"我要你"：但嘉应州的"我唔爱去"只可译为北京的"我不要去",却不能译为"我不爱去"（"我不爱去"是另一意思）。又如：

$$\text{广西南部的“冇”}=\text{广州的}\begin{cases}1.\text{“冇”}（无也）[2]\\2.\text{“唔”}（不也）[3]\end{cases}$$

---

1. "乜"字,广州人念[mat]。

2. "冇"字,广西人念[mao],广州人念[mou]。

3. "唔"字,广州人念[m]。

所以广西的"冇人"仍等于广州的"冇人"，而不能译为"唔人"；但广西的"冇怕"（不怕）只可译为广州的"唔怕"，不能仍用"冇怕"。此外，如广州的人瘦与肉瘦都叫"瘦"，苏州人瘦叫"瘦"、肉瘦叫"精"（"精肉"）；广州的人肥与肉肥都叫"肥"，北京肉肥叫"肥"、人肥叫"胖"。诸如此类，不胜枚举，都是介乎同词同义与同词异义之间的。这种参差的现象，在各地词汇的殊异上，最为重要；因为这不但是词汇不同，而且连概念的范围也不相同了。

（三）末了，说到同义异词，又可细分为两类。

第一，词虽不同，而它们的用途完全相同。我们可以照数学公式给它们一个"等号"。如：

北京的"等会儿"＝苏州的"晏歇"＝绍兴的"等歇"

北京的"明天"＝苏州的"明朝"＝嘉应州的"天光日"

北京的"妻子"或"媳妇儿"＝苏州的"家小"＝广州的"老婆"

北京的"谁"＝广州的"边个"＝嘉应州的"乜人"

北京的"小孩儿"＝苏州的"小干"＝广州的"细佬哥"＝客家的"大细儿"

北京的"什么"＝上海的"啥"＝广州的"乜野"＝客家的"乜介"

　　北京的"猴子"=苏州的"活狲"=广州的"马骝"

　　北京的"棉袄"=苏州的"裲"=厦门的"棉裘"=广州的"棉袍"

　　北京的"摔斤斗"=苏州的"跌跟斗"=厦门的"跋倒"=客家的"跌倒"

　　第二，是词既不同，用途又广狭不等。这也是概念的范围不同。例如：

$$北京的"这么"=上海的\begin{cases}1.\text{"介"（表程度）}\\2.\text{"实介能"（表方式）}\end{cases}$$

所以北京的"这么大"可译为上海的"介大"，而不能译为"实介能大"；北京的"这么办"可译为上海的"实介能办"，而不能译为"介办"。又如：

$$上海的"交关"=北京的\begin{cases}1.\text{"很"（形容词前）}\\2.\text{"多"（形容词后）}\end{cases}$$

　　所以上海的"交关大"可译为北京的"很大"，而不可译为"大多了"；上海的"大交关"可译为北京的"大多了"，而不可译为"很大"。又如：

$$
广州的"啱"[\text{ŋam}]＝北京的\begin{cases}刚（动词前）\\巧（动词后）\\对\\合适\\要好\\……\end{cases}
$$

　　广州人说的"佢啱翻嚟"，等于北京的"他刚回来"；广州"佢嚟得真啱"，等于北京"他来得真巧"；广州"呢个题目佢答得唔啱"，等于北京"这题目他答得不对"；广州"呢件衣服唔啱佢着"，等于北京"这一件衣裳不合他穿"；广州"我同佢好啱"，等于北京"我跟他很要好"。此外，"啱"字的用途还有许多。如广州"唔啱你就去"，略等于北京"要不你就去罢"。可见有许多语词都不能马马虎虎地给它们一个"等号"。

　　有些词，是甲地所有而乙地所无的；非但没有同一的词（同词同义），连相当的词（同义异词）也没有。因为没有此种概念，自然没有此词。譬如乙地没有某种东西或某种风俗，自然它的词汇里就用不着与这种东西或这种风俗相当的词了。江、浙、闽、粤没有"窝窝头"，我们就没法子把北京的"窝窝头"译为吴、闽、粤语；江、浙、闽、粤没有一种风俗与北京的"接三"[1]完全相当，于是它们也就缺少这一个词。反过来说，北方没有"龙眼"（闽粤的果名），北方的词汇里自然也没有它。遇着这种情形，若要翻译，就只好用硬译法。例如我们对广东人说北京有一种"窝窝头"，再详细描写"窝窝头"是怎样的形式与滋味。他们既然没有这种概念，听来总难免隔膜，这是没有法子的事了。

由此看来，各地词汇是参差不齐的，我们切不可误以为甲地某词在乙地一定有某词与它相当，尤其不可误认甲地某一个词仅与乙地的某一个词相当。词汇的参差形成了方言的参差；将来全国交通便利，也许参差的程度会减小些了。

---

1. 接三：北京旧习，认为人死后三天要去阴曹地府报到，有金童玉女来接，家属会请和尚来做法事。——编者注

第四节　古今词汇的演变

无论任何语言,其古今词汇的演变,都可分为三种方式:缩小式、扩大式、移动式。

缩小式,例如法语 sevrer,出于拉丁语 separare,原是"使分离"的意思。无论使任何物分离,都用得着这动词。后来它的意义范围渐渐缩小,末了,只指使婴儿与乳分离而言,等于汉语所谓"断乳"。

扩大式,例如英语 triumph,出于拉丁语 triumphus,原是"凯旋"的意思(指堂皇的凯旋仪式),后来它的含义渐渐扩大,可以泛指一切胜利而言。

移动式，是概念与词的相配关系发生移动。例如法语bouche（口），出于拉丁语bucca，原是"颊"的意思。从"颊"转到"口"，所以叫做"移动式"。当然，缩小与扩大也往往由于移动，但移动却不一定就是缩小或扩大。

（一）缩小的例子，在中国字书中，颇为罕见。"瓦"字，《说文》注云："土器已烧之总名。"《诗经·小雅·斯干》："乃生女子……载弄之瓦。"《传》云："瓦，纺砖也。"纺砖绝不是屋上的瓦。但现代一般人口里的"瓦"字，却专指屋上的瓦而言。著字书的人，大约比较喜欢从狭义引申到广义，所以对于这一类缩小式的演变，不大记载下来。然而在现代白话里，我们可以举出颇多的例子。例如"肉"字，本是一切肉类的通称；但当我们在汉族居住区域吩咐人去买两斤肉的时候，所谓肉，绝不是指一切的肉，却是专指猪肉而言。由此类推，"买猪肝"可以说成"买肝"，"买猪肚子"可以说成"买肚子"。又如"屋"字，本是指一所房屋而言，但北京人所说的"屋子"，只指的是一个房间。又如苏州人单说"饭"，是指午饭而言；单说"房"，是指卧房而言。

这种从大范围转到小范围的演变，往往是某一部分的意义渐占优势所致。"肉"的意义缩小为"猪肉"的意义，正因为汉族人在肉类中最常吃的是猪肉。苏州的"饭"字专指午饭，也许因他们把午饭看得重要些，也许因午饭在晚饭之前。至于"房"字专指卧房,更易解释,因为客房、书房、茅房之类,都比不上卧房重要的缘故。

实际上,当我们应用任何一个词的时候,它的意义也往往比字书里的意义缩小些。例如牧牛人说的"把畜生赶回家去",这里"畜生"指的是牛;如果这句话到了牧羊人的口里,"畜生"却指的是羊。又如卖水果的小贩所谓"旺月"(生意很好的时节),与开戏院的人所谓"旺月",其含义也各有专指的。

(二)扩大的例子就数不清了。比如:

例字	古义	今义
雄	鸟父也	一切生物之阳性者
雌	鸟母也	一切生物之阴性者
双	两鸟也	犹言"一对"也
雏	鸡子也	鸟类之幼子
灾	天火曰灾	祸也
登	上车也	升也

都是从很狭的意义转到很广的意义的,古人叫做"引申",就是我们这里所谓扩大式。

极狭的意义,如果不扩大,就有被废除的危险。例如:

藨——茗之黄花也（音"标"）

芀——苇华也（音"迢"）

梂——栎实也（音"求"）

駹——马的马白额也（音"的"）

犕——二岁牛也（音"贝"）

羳——黄腹羊也（音"烦"）

以上六字皆见于《尔雅》，只因意义太狭，后来又不扩大，只有渐趋于消灭了。消灭之后，原来一个词所能表示的意义，现在只要不怕累赘，用两三个词去表示，就行了。例如现代不用"犕"字，我们要说"二岁牛"就说"二岁牛"，不是一样地能够达意吗？

（三）移动的例子也很多。譬如"走"字原是快步的意义，但现在官话里的"走"字却变了慢步的意义了。"媳妇"原是子妇的意义，但现在北京一般人所谓"媳妇儿"，却是指"妻"而言的了（子妇则称为"儿媳妇"）。最有趣的是五官感触的调换。例如"闻"字原是耳的感受，但现在官话与吴语里的"闻"字却等于文言的"嗅"字，变了鼻的感受了；"听"字原是用耳的一种行为，但现在广西南部该说"嗅"的也说"听"。北京的"闻一闻"等于广西南部的"听一听"（辽东半岛一带也以"听"字当"嗅"字用）。

"闻"字在现代官话与吴语里，既失了原来耳的感受的意义，于是这耳的感受的意义只好借"听见"二字组合成词，以表示它了。假设古人复活，听见现代北京人说话，一定会诧异说："北京人奇怪极了！我们说的'嗅'，他们偏要说'闻'；我们说的'闻'，他们偏要说'听见'！"这恰像天上的星宿，因为时令不同，都变更了位置了。

上述三种方式，系假定词汇不增不减而言。然而事实上，词汇绝不能不增不减。其增者，系因：新事物的产生或输入；新观念的产生或输入。其减者，系因旧事物的消灭。

新事物，例如"火车""电话"等；新观念，例如"具体""抽象""本能""直觉"等。无论新事物或新观念，其词汇之增加，不外三种方式：第一，是创造新字，如"锌""镭""镍"等；第二，是译音，在古代如"菩萨""南无"，在现代如"逻辑""沙发"等（第二与第一的分别，在于第二类未造新字）；第三，是译意，如"火车""电话""轮船""炸弹"等。

旧事物消灭以后，其词自然也跟着消灭。除非在民间传说中很占势力，如"龙"[1]才能保存在现代的口语里。否则至多只能在古书中保存着它们的名称。《尔雅》许多不经常见的动植物名称，大约都属于此类。

---

1. "龙"也许古代也不曾有过，今姑假定其有。

　　另有一种情形，使词汇的增减恰足相抵的，例如吴语称"蝉"为"知了"，在口语里，"蝉"字是死了，却有"知了"一词来替代它。又如《说文》"鰈，比目鱼也"，后世不称"鰈"而称"比目鱼"，也是拿"比目鱼"一词来替代"鰈"。在此情形之下，专就一般口语而论，词汇只有变更，而没有增减。除非在文人的口里或笔下，文言里的字眼或古代的词汇都可应用，才令我们觉得有许多同义词的存在，以致词汇的数量也似乎因此增加。

　　末了，我们还该知道，在词汇演变史中，有一种"吞并作用"，就是甲词为乙词的意义所同化，以致失掉其本身的意义，与乙词混为一词。例如"相信"的"相"字本有"互相"的意义，但现在官话所谓"相信"，只是"信"的意思，"相"字已被"信"字吞并了。吴语所谓"相帮"，也只是"帮"的意思，故可说"让我来相帮你"。

　　词汇的演变，其理由大致可如上述。我们不能说没有其他的理由，但为避免烦琐起见，只好说到这里为止了。

［宋］马远　《梅石溪凫图》

第五章

文字

第一节　中国文字的起源及其演变

　　说到中国文字的起源，我们会想起结绳的故事。这故事并不是中国所特有的，据说秘鲁古代也有类似的办法，叫做"基波"（quip pos）。秘鲁所用的绳，有各种不同的颜色；所打的绳结，有各种不同的高度与厚度。众绳错综变化，可以代表思想。中国上古所谓结绳，不知能像"基波"那样复杂否；但至少结绳的事是有的，不能说是古人捏造出来的故事。

　　然而我们不能说结绳就是文字。我们必须把记号与文字的界限分别清楚。结绳只是帮助记忆的一种工具：古人解释结绳是"大事作大结，小事作小结"，可见它只能帮助人类记忆事之有无与大小。纵使它真能启示若干观念，也不能与文字相提并论；因为文字的目的在乎表现一切观念，它的作用绝对不是结绳所能比拟的。

那么，中国文字的真正起源是什么呢？

先说，在中国文字学，向来有所谓"六书"。依《说文》的说法，六书的名称及定义如下：

（一）象形——画成其物，随体诘诎，"日""月"是也。

（二）指事——视而可识，察而见意，"上""下"是也。

（三）会意——比类合谊，以见指㧑，"武""信"是也。

（四）形声——以事为名，取譬相成，"江""河"是也。

（五）转注——建类一首，同意相受，"考""老"是也。

（六）假借——本无其字，依声托事，"令""长"是也。

在六书当中，只有转注的定义难懂，以致引起许多争论。其中较有势力的，是段玉裁的主张。他说："转注，犹言互训也。"[1]意思是说"考"可训"老"，"老"可训"考"。

但朱骏声主张修正《说文》的定义。他说："转注者，体不改造，引意相受，'令''长'是也。假借者，本无其意，依声托事，'朋''来'是也。"[2]为便于解释中国文字的实际系统起见，我们赞

---

1. 段玉裁：《说文解字注》卷 15。

2. 朱骏声：《说文通训定声·序》。

成朱氏的修正。

依六书的定义看来，它们并不全是文字的起源。象形、指事、会意、形声四者才是造字之法，转注、假借二者只是用字之法。前四者能产生新字，后二者不能。所以转注、假借二者与文字的起源完全无关。

说到会意与形声，也显然在象形、指事之后。因为它们是合体字；必须先有单体字，它们才能产生。

剩下来，只有象形或指事可以说是中国文字的起源了。向来研究六书的人，或谓象形先于指事，或谓指事先于象形。其实二者是不分先后的。中国的原始文字，自然是纯粹的"意符"；它们都是直接地表示人类的观念，而不着重于表示语音。古人所谓象形，就是具体的"意符"；所谓指事，就是抽象的"意符"。语言的起源，虽可说是往往由具体变为抽象；但文字的产生，远在语言之后。当中国有文字时，我们的祖先应该已有很丰富的抽象观念了。由此看来，象形与指事同是原始造字的方法。

六书虽不全是文字的起源，然而它是中国文字相当完备时期的一种分类法。我们首先应该明白：古人并非先有"六书"的计划然后造字，而是中国文字产生后数千年，然后有些学者定下一种分类法。这种分类法并不是文字机构的本身，更不是文字产生的理由，只是后世对于文字分类的一种学说。既是一种学说，就有修正的余地，我们不必像前人把它奉为天经地义。

瑞典汉学家高本汉依照汉字进化的实在情形，把它重新定出一个系统如下[1]：

（一）一个意符可以是简单的：简单之中，或属具体，如"马"（象形）；或属抽象，如"上"（指事）。

（二）一个意符可以从造字时代就成为合体的：例如"好"字从"女"从"子"（会意）。

（三）合体字也可以是后起的，例如"求"原是"裘"的象形，后世再加"衣"字在下面，使意义更加明显（所谓"形声"）。

（四）无论单体或合体，皆可引申为其他的意义。如"交"的本义是"交股之人"，引申为"交易""交接"等（转注）。[2]

（五）无论单体或合体，皆可被用为另一意义的"音符"，其意义与原来的意义全不相涉。如"求"从"裘"的意义转到"祈求"的意义，而"求"的字形全不变更（假借）。

（六）无论单体或合体，皆可被用为另一全不相涉的意义的音符，但为求更明显起见，再加上一个补充式的意符。如"逑"从"求"声，再加意符"辵"（真的"形声"）。

---

1. B. Karlgren, *On the Script of the Chou Dynasty*, The Bulletin of the Museum of Far Fastern Antiquities, No. 8, 1936.

2. 高本汉所释转注假借，与朱骏声的意见相合。

我们觉得高氏的见解是对的(举例或有可商)。由此看来,形声字最为后起。迷信《说文》的人,往往从形声字中寻求"本字",实际上他们却变了舍本逐末! 他们以为"专一"的"专"当作"嫥","减省"的"省"当作"渻","媄"是"美色"的本字,"枖"或"猇"是"桃之夭夭"的本字。这完全是不懂得文字进化史的缘故。

我们讨论中国文字,应该知道字式与字体的分别。字式是文字的结构方式;字体是文字的笔画姿态。例如"好"字𡥀,左半是个"女",右半是个"子",这是字式。它在小篆里写作𡥀,在隶书里写作**好**,在楷书、行书、草书里又各有其他写法,这是字体的不同。

殷周时代,字式已经大致完备了,字体却正在变迁。大概说起来,古今字体只有两大类。第一类是刀笔文字,其笔画粗细如一,不能为撇捺;第二类是毛笔文字,其笔画能为撇捺,粗细随意。古文、篆书、鸟虫书等,皆属第一类;隶书、楷书(又称今隶)、行书、草书等,皆属第二类。若按时代划分,则字体的演变大致如下:

(一)殷商至春秋之末为第一期。此期用古文。甲骨文及殷商金石文是古文中之较古者。

(二)战国至秦为第二期。此期用篆书、鸟虫书。

(三)汉代为第三期,用隶书。

（四）东汉至现代为第四期，用楷书。行书、草书只是楷书的速写式。它们是辅助楷书，不是替代楷书。

自然，字式也是随时代而变迁的。不过，我们须特别注意，字式的变迁与字体的变迁并不是并行的进展。二者之间，没有必然的关系。例如从殷商至春秋之末，形声字与日俱增，字式可以说是时时刻刻在变迁了，然而字体却大致不生变化。又如"蹤"字之写作"踪"，至早是宋代才有的；宋元以后，"蹤"字的字式增加了另一种，然而这与字体完全无关。谈文字进化史的人们，对于这一种分别，是应该非常看重的。

第二节　形声字的评价

如果说世界各族文字都经过象形的阶段，那么，它们也一定经过形声的阶段。人类先有语言，后有文字，所以象形字一定可以读出一个音来，遇必要时，这象形字便可当作音符之用。依古埃及文字而论，形声字可有两种[1]：

（一）同一事物而有两种名称，则加音符以为分别，例如ㄊ象锄形，但"锄"有mer与hen两音，mer音在古埃及文里写作◯，hen音写作，故"锄"字有下列两式：

1.　P. Keraval, *Le Langage Ecrit*, p. 27.

苦其音同 mer　　弎其音同 hen

（二）同一语音而代表几种事物，则加意符以为分别。例如我们已知 苦 是 mer 音，但念 mer 的字不一定都是"锄"的意义，有时候却是"眼、箱、蛇、受苦"等意义，故再加意符如下：

苦眼也　　苦箱也　　苦蛇也　　苦受苦也

汉语的形声字，以后一种为最常见。十分之七八的汉字，都属于此类。这因为汉字是单音字，同音同义的字特别多，非加意符以为分别不可。形声字虽说是一边意符（或称形符），一边音符（或称声符），但音符也往往由意符变成。例如"沐"字，篆书作 𣲎，左边是水形，右边是木形，但右边只是一个音符，完全失去了"木"的意义了。

音符与其所组成的字不一定同音。例如以"咸"为音符的字可以有下列数种声音：

鹹	çian
缄（平声）　减（上声）	tçian

| 喊 | | han |
| 箴 | 铖 | tʂan |

又如以"甬"为音符的字,可以有下列数种声音:

勇			yung
通(平声)	桶(上声)	痛(去声)	t'ung
诵			sung

这是原始就故意造成不同音呢,还是后世的音变呢？关于这一点,现在还没有定论。不过,单就这些现存事实看来,形声字已经不是很便利的东西,因为我们并不能凭借音符正确地读出那字的音来。

除此之外,现代形声字的毛病还有六种:

(一)字式变易,以致音符难认。例如:

"讀"——䜌声(䜌,余六切)。今与"賣"混。
"卻"——谷声(谷,其虐切)。今与"谷"混。

“郭”——章声(章,古博切)。今与“享”混。

“執”——幸声(幸,尼辄切)。今与“幸”混。

“稽”——禾声(禾,古奚切)。今与“禾”混。

“哉”——才声。今“才”形不可识。

“書”——者声。今“者”形不可识。

“華”——亏声(亏,同于)。今“亏”形不可识。

“喪”——亾声。今“亾”形不可识。

“往”——坒声(坒,户光切)。今“坒”形不可识。

“定”——正声。今“正”形不可识。

“適”——啻声。今“啻”形不可识。

“飲”——酓声(酓,於琰切)。今变为从“食”从“欠”。

“急”——及声。今“及”形不可识。

“襲”——龖声(龖,徒合切)。今“龖”形不可识。

(二)字音变易,以致音符不像音符。例如：

“等”——寺声。“寺”“等”古音相近,今音则甚远。

“義”——我声。“我”“義”古音相近,今音则甚远。

"醋"——音声。"音""醋"古音相近，今音则甚远。

"萧"——肃声。"肃""萧"古音相近，今音则甚远。

"迪"——由声。"由""迪"古音相近，今音则甚远。

"贿"——有声。"有""贿"古音相近，今音则甚远。

"偷"——俞声。"俞""偷"古音相近，今音则甚远。

"否"——不声。"不""否"古音相近，今音则甚远。

（三）字义变易，以致意符不像意符。例如上文第四章第二节所举的"检"字，《说文》云："书署也"，大约就是书架上的小木签，以便检查书籍的。后来，引申为"检查"的意义，大家就忘了它原是木制的书签，于是"木"旁再也不像一个意符，我们也就不能明白为什么"检"字从"木"了。依普通常识推测，检查的"检"字如果从"手"作"捡"，不是更合理吗？近来学生笔下的别字，有许多是由此而起的。

（四）同音的音符太多，以致误用甲音符替代乙音符。在上古时代，凡是纯粹的形声字，它的音符都是可以随便采用的。例如"桐"字，从"同"固然可以，从"童"作"橦"也未尝不可。假使我们的远祖把"桐"字写作"橦"，自然也一样地合理。但是，自从"桐"字创始之后，约定俗成，我们就不许另写作"橦"了。正因如此，所以形声字容易误写。

（五）对于一个概念，可用的意符不止一个。有些字，从这个意符固然很对，从那个意符也说得通。我们有什么理由去说明"哑"字不该写作"誣"？但是，古人已经用了甲意符，我们就不许再用乙意符。除了很少数的例外（如"脣""唇"通用，"誤""悞"通用），我们只好硬记着古人的习惯，于是"躲避"不许写作"趆避"，"鞭子"不许写作"鞕子"。为什么？简单的回答就是因为你不是古人！甚至很不合理的形声字，也只好保留着，例如"骗"字本是"跃而乘马"的意义，毫无诓骗的意思。后来有人借用为诓骗的骗，相沿成为习惯，大家也只好写个"马"旁；如果有人写作"谝"，我们就说他是写别字。其实，平心而论，"言"旁不是比"马"旁好些吗？

（六）形声字的原则深入民众脑筋，以致误加意符。其本有意符而赘加者，如"嘗"误作"噌"，"感激"误作"憾激"；其本无意符而误加者，如"灰心"误作"恢心"，"夹袍"误作"袼袍"，"安电灯"误作"按电灯"，"包子"误作"饱子"。这一类的别字，是尚为一般文字学者所指斥的；然而古人也未尝不犯同样的毛病。例如"原"本从"水"（今变为从"小"），再加水旁作"源"；"然"本从"火"，再加"火"旁作"燃"，这不是本有意符而赘加吗？"纹"本作"文"，"避"本作"辟"，这不是本无意符而误加吗？不过习非成是，经过社会公认，就不再受指斥罢了。

由以上各节看来，形声字的流弊很多，汉字容易写错，就是这个缘故。形声字为什么不像西洋文字那样变为拼音字呢？这因为中国古代单音词太多，同音异义的词也就太多，非形声字不足以示区别。现在复音词已渐渐增加，将来是会走上拼音的路径的。[1]

---

1. 20世纪初曾出现是否用拼音文字取代汉字的争论，此争论在1956年《汉字简化方案》公布前夕达到高潮。——编者注

[清]冷枚 《梧桐双兔图》

附录

附录一　汉语发展史鸟瞰[1]

事物总是发展的，语言不能是例外。随着历史的发展，汉语从上古、中古、近代以至现代，经历不少的变化，才成为现在的样子。研究这些变化，成为一门科学，叫做汉语史，也叫做汉语发展史。

语言是发展的，在科学发达的今天，这是不容怀疑的真理。但是古人并不懂得这个真理，他们以为语言是永久不变的。儿女跟父母学话，世代相传，怎么会有变化呢？他们不知道，儿女跟父母学话也不能百分之百相像，一代传一代，积少成多，距离

---

1. 这是我在香港大学的一次演讲。

拉大了，就有明显的变化。其次，由于社会的发展，新事物的产生需要新的词语来表示，旧事物的废弃也引起旧词语的淘汰，语言的变化就更大了。

现在我分为语音、语法、词汇三方面和大家谈谈汉语发展史。由于时间的限制，我只能粗线条地勾画出一个轮廓。所以我今天讲的题目叫做"汉语发展史鸟瞰"。

一、汉语语音的发展

从前人们不知道语音是发展的，不知道古音不同于今音。他们念《诗经》的时候，觉得许多地方不押韵，例如《关雎》二章："参差荇菜，左右采之；窈窕淑女，琴瑟友之。""友"字怎能和"采"字押韵呢？于是有人猜想，诗人为了押韵，把"采"字临时改读为"此"，"友"字临时改读为"以"。这种办法叫做叶音。但是，为什么《诗经》里所有的"友"字都念"以"，没有一处读成"酉"音呢？人们没法子回答这个问题。直到明末的陈第，才提出了一个历史主义的原理，他说："时有古今，地有南北，字有更革，音有转移，亦势所必至。"他从此引出结论说，《诗经》时代，"友"字本来就念"以"，并非临时改读。他的理论是正确的。但是他的拟音还不十分正确。直到最近数十年，我们学习了历史比较法，进行了古音拟测，才知道先秦时代，"采"字的读音是 [ts'ə]，"友"字的读音是[ɣiəɯ],这样问题才解决了。

不但上古音和今音不同,中古音也和今音不同。不懂中古音,我们读唐宋诗词时,有些地方也感到格格不入,例如杜牧《山行》诗:"远上寒山石径斜,白云生处有人家。停车坐爱枫林晚,霜叶红于二月花。""斜"字用北京话读、用广州话读都不押韵,用上海话读成[zia]才押韵了。因为上海话"斜"字保存了唐宋音。又如王安石《元日》诗:"爆竹声中一岁除,春风送暖入屠苏。千门万户曈曈日,总把新桃换旧符。"用广州话读,"除"[tsʻøy]、"苏"[sou]、符[fu]都不押韵,用北京话读就押韵了,因为北京话"除、苏、符"等字接近于唐宋音。

声母方面,有两次大变化:第一次是舌上音和轻唇音的产生。本来知彻澄母字是属于端透定母的。现代厦门话"直"字读[tit],"迟"字读[ti],"书"字读[tiu],"除"字读[tu],"朝"字读[tiau],是保存了古声母。客家话"知"读为[ti],也保存了古声母。本来非敷奉微四个声母的字是属于帮滂并明的,上海"防"字读[boŋ],"肥皂"说成"皮皂",白话"问"说成"闷","闻"(嗅)说成"门","味道"说成"谜道";广州"文"读如"民","网"读如"莽","微"读如"眉",白话"新妇"(儿媳妇)说成"新袍",都是保存了古声母。舌上音大约产生于盛唐时代,轻唇音大约产生于晚唐时代。

　　第二次是浊音的消失。本来，汉语古声母分为清浊两类：唇音帮滂是清，并是浊；舌音端透是清，定是浊；齿音精清是清，从是浊；牙音见溪是清，群是浊，等等。现代吴方言还保留清浊的分别，例如“暴”[bɔ]≠“报”[pɔ]，“洞”[duŋ]≠“冻”[tuŋ]，尽[dzin]≠“进”[tʃin]，“轿”[dʑiɔ]≠“叫”[tɕiɔ]，等等。现代粤方言浊音已经消失，只在声调上保留浊音的痕迹：清音字归阴调类，浊音字归阳调类，以致“暴”与“报”、“洞”与“冻”、“尽”与“进”、“轿”与“叫”，都是同音不同调。北京话只有平声分阴阳，浊上变去，去声不分阴阳，以致“暴”=“报”、“尽”=“进”、“轿”=“叫”，既同音，又同调，完全混同了。浊音声母的消失，大约是从宋代开始的。

　　韵部方面，也有两次大变化：第一次是入声韵分化为去入两声。上古入声有长入、短入两类，例如“暴”字既可以读长入[boːk]，表示残暴，又可以读短入[bok]，表示晒干（后来写作“曝”）。后来长入的“暴”字由于元音长，后面的辅音失落，变为[bo]，同时变为去声。长入变去的过程，大约是在魏晋时代完成的。第二次是入声韵部的消失。古代入声有三种韵尾：[-p][-t][-k]，和今天的广州话一样，例如广州“邑”[jɐp]、“一”[jɐt]、“益”[jik]，“急”[kɐp]、“吉”[kɐt]、“击”[kik]。后来合并为一种韵尾：[-ʔ]，和今天的上海话一样，例如上海“邑、一、益”[iʔ]，“急、吉、击”[tɕiʔ]。最后韵尾失落，和今天的北京话一样，例如“邑、一、益"[i]("一"读阴平,"邑、益"读去声),"急、吉、击"[tɕi]("击"读阴平,"急、吉"读阳平)。这最后的过程大约是在元代完成的。

语音的发展都是系统性的变化,就是向邻近的发音部位发展,例如从双唇变唇齿,从舌根变舌面。有自然的变化,如歌韵的发展过程是 ɑi→ɑ→ɔ→o;有条件的变化,如舌根音在[i][y]的前面变为舌面音,北京话"击"字是由[ki]变[tɕi],"去"字是由[k'y]变[tɕ'y];又如元音[u]在舌齿唇的后面变为[ou],广州话"图"字是由[t'u]变[t'ou],"苏"字是由[su]变[sou],"布"字是由[pu]变[pou]。条件的变化都只是可能的,不是必然的。

二、汉语语法的发展

语法是最富有稳定性的,但是也不能没有发展。现在举出主要的四点来谈:

第一,双音词的发展。汉语本来是所谓单音节语。除联绵字外,都是单音词。后来逐渐产生双音词,随着历史的发展,双音词越来越多了。双音词产生的主要原因是:(1)由于语音系统简单化,需要产生双音词,以免同音词太多,例如北京话"眼"发展为"眼睛"、"角"发展为"犄角",就是这个道理。广州话同音词较少,因此双音词也较少。(2)由于社会的发展,新事物的不断产生和出现,双音词也就越来越多。新名词一般总是在旧词的基础上产生的,往往是两个旧词的组合,如"火车、轮船、电灯、电话、火柴、肥皂"等。

第二,词尾的发展。名词词尾"子、儿",人称代词词尾"们",形容词词尾"的",副词词尾"地",动词词尾"了、着、过",都是近代产生的。这是汉语语法的大发展。尤其是表示情貌(aspect)的动词词尾"了、着、过",最能反映汉民族逻辑思维的发展。

第三,量词的发展。上古时代,汉语的量词是很少的,只有"车千乘、马千匹"一类的量词,而且这些量词是放在名词后面的。"一个人、一所房子、三条鱼、五棵树"等,其中的量词,是比较后起的了。另有一种动量,如"来了八次、听了一回、再说一遍"等,那就更晚。这也是汉语语法的大发展。

第四,使成式的发展。上古时代,使成式非常罕见。《孟子》说:"必使工师求大木……匠人斫而小之。"这是使成式的萌芽。由"斫而小之"演变为"斫小",就成了使成式。但是,使成式在古文中仍是非常少见的。古人用的是使动词。"打败了他",古人只说"败之";"做成了它",古人只说"成之";"打死了他",古人只说"毙之";"打倒了他",古人只说"踣之",等等。使动词只说出了结果,没有说造成这种结果的原因,意思不够明确。使成式把因果同时说出来了,这也是汉语语法的大发展。

三、汉语词汇的发展

随着社会的发展，词汇就新陈代谢。旧词的死亡和新词的产生，是汉语发展长河中最显而易见的现象。上古的"俎、豆、尊、彝"，等等，后代没有了，它们就变成死亡的词。但是新兴的词要比死亡的词多得多。

词汇的发展和社会生产的发展有极其密切的关系。社会生产的发展又和科学技术的发展大有关系。近百年来，社会生产有巨大的发展，因此，表现新事物、新科学、新技术的名词术语也层出不穷。近百年来，汉语新词的产生，其数量远远超过两千年。我们可以从新词产生的多少看文化科学的进步。

汉语的词汇常受外语的影响。最明显的影响可以分为三个时期：第一时期是北方与西域的影响，主要是在汉代输入一些外来语，如"箜篌、琵琶、蒲桃（葡萄）、苜蓿"等。第二时期是印度的影响，主要是在东汉输入佛教以后，如"佛、菩萨、和尚、世界、地狱、罪孽"等。第三时期是西洋的影响，是在鸦片战争以后，西洋的文化、科学、技术传入中国，汉语里产生大量的新词。五四运动以后，新词越来越多。今天书报上的文章里，大约有三分之一以上是五四运动以后新兴的词语，不过人们习以为常，不知道它们是新兴的词语罢了。

应该指出，五四运动以后新兴的词语并不都是外语的影响。除了"咖啡、沙发"一类音译名词之外，一般的译词如"火车、轮船、电灯、火柴、肥皂、电影"等，都不该认为是外语的影响，因为这些新事物传入中国以后，中国人用汉语的旧词作为词素造成这些新事物的名称，这是土生土长的东西，不能说是从外语借来的。

但是，有些抽象的名词概念，仍应认为是从外语借来的，例如"哲学、文学、逻辑、前提、具体、抽象、经济、革命、发展"等，都不是我国古人原有的概念。古书中虽也有"文学、具体、经济、革命"的说法，但不是今天这个意思。至于"逻辑"是译音（logic），"前提、抽象"是译意（premise、abstract），那更不用说，是受外语的影响了。

以上所讲的汉语发展史，可说是轮廓的轮廓。详细讲起来，可以写成一部书。这里不详细讲了。

原载《语文园地》1981年第 1 期

144

附录二　推广普通话的三个问题[1]（节选）

一、什么是普通话

普通话是现代汉语的标准语，是汉民族共同语。

我们知道，每一个民族都有它自己的语言。如果人口众多，地域辽阔，在民族内部还分化为各种方言。汉族是世界上人口最多的民族，中国是世界上地域最辽阔的国家之一，不可避免地产生了许多方言。方言复杂到某种程度，造成这一省和那一省的人互相听不懂话，甚至不同县、不同村，隔一座山，隔一条河，

[1] 本文是作者在第五次全国普通话教学成绩观摩会所做学术报告的记录稿。——编者注

也互相听不懂话。有些外国语言学家污蔑我们，说汉语实际上是许多种语言。我们绝不承认汉语是许多种语言。我们的文字是统一的，各种方言的差别，都不是根本的差别。各地的语法，基本上是一致的；各地的基本词汇，差别也不大；各地的语音，差别较大，但是有语音对应规律。人们无意识地利用这种语音对应规律学会了其他方言。譬如说，一个广州人学北京话，他并不需要一个一个字音死记，广州"天"字念tin，北京念tian，他就类推，"田"字在北京一定念tian，"电"字在北京一定念dian，"连"字在北京一定念lian，等等。这种类推就是无意中用了语音对应规律。既然各地方言属于同一种语言，还要规定一种民族共同语做什么呢？那是因为互相听不懂话，大家就没有共同语言。我们需要有一种全民族都能听得懂、都能说得上的语言，这就是普通话。

普通话是以一种方言为基础的。除了原始社会人类创造语言以外，语言不可能是后来人造的。所以我们不可能人为地创造一种普通话。1913年读音统一会制定了注音字母，规定一种国音，虽然说是以北京语音为基础，但是夹杂了一些江浙语音，声母有万[v]、广[ȵ]、兀[ŋ]，声调有入声，同时又取消了北京的e[ɤ]。这种非驴非马的国音，谁也说不好，教师教不好，学生学不好。最后只好取消三个声母，增加一个韵母さ[ɤ]，取消了入声，完全采用了北京音。

北京话本来也是方言，那么，为什么采用北京话而不采用别的方言作为现代汉语标准语呢？是的，照理说，任何方言都有作为标准语的资格。从前章太炎就建议过以武汉话作为标准语。但是，既然每一种方言都有作为标准语的资格，那么我们就要挑选最合适的。古今中外，民族共同语都是以政治、文化中心的语言为标准的。我国曾经以洛阳话作为标准语，法国以法兰西岛（今巴黎一带）的话作为标准语，都是这个道理。今天我们把北京话定为普通话的标准（但是普通话不完全等于北京话，下面还要讲到），是最合适的了，因为北京是中国政治、文化的中心。

1955年现代汉语规范问题学术会议规定普通话的定义是"以北京语音为标准音，以北方话为基础方言，以典范的现代白话文著作为语法规范"的现代汉语标准语。现在我从标准音、基础方言、语法规范三方面来讲什么是普通话。

第一，普通话以北京语音为标准音。为什么不说以北方话为标准音，而说以北京话为标准音呢？北方话是地区方言，北京话是地点方言。地区方言内部分为若干地点方言。北京话、天津话、济南话、太原话、西安话等，都是属于北方话的地点方言。地区方言没有标准音，地点方言才有标准音。譬如说，天津话的语音就和北京话不同。必须说普通话以北京话这个地点方言的语音为标准音,才有明确的标准。

从前有人说,普通话就是普普通通的话,大城市五方杂处,南腔北调,互相听得懂,那就是普通话。这话不对。南腔北调是不好的,有时候互相听得懂,有时候听不懂,就不方便了。我们必须以北京语音为标准音,说起普通话来,人家才能句句懂,字字懂。

既然普通话以北京语音为标准音,我们必须彻底了解北京语音系统。汉语拼音方案就是这个北京语音系统。首先要明白,自己的方言在语音方面和北京话有什么不同。首先要会听,然后才会说。如果你听不出你自己方言的语音和北京语音的差别来,当然也就说不好普通话(这是对成年人说的,至于小孩学普通话,那就很自然,用不着许多讲究)。一般人总认为,北京语音也就是自己方言里有的那些音,他们不知道,北京话有许多字音是别的方言所没有的。譬如说,zh、ch、sh 这三个音,上海话里就没有,上海人说普通话,常常把"白纸"说成"白子","好处"说成"好醋","历史"说成"历死"。为什么? 因为上海人听北京人说话,觉得 zh、ch、sh 和 z、c、s 没有什么分别,他说"好醋"已经很像北京人说的"好处"了。广州方言里没有 zh、ch、sh,也没有 j、q、x,只有 [tʃ] [tʃʻ] [ʃ](略等于英语的 ch、sh 等),所以广州人说普通话,常常把 zh 与 j、ch 与 q、sh 与 x 混同起来。他们把"政治经济学"

说成［tʃiŋ tʃit ʃiŋ tʃi ʃye］，听起来很像"敬祭精计学"，难懂不难懂？ 我们教上海人、广州人学普通话，先教他们说"四十四棵柿子树"，上海人不要说成"四丝四棵四子素"，广州人不要说成"戏席戏棵戏几婿"，就好了。

中国方言复杂到什么程度，是人们想象不到的。有人说，东北人把"日本"说成"一本"，湖北人说成"二本"，上海人说成"十本"。其实，不但"日"字是这样，别的字也是这样。各个方言地区的人学习北京语音，困难各有不同。要注意自己母语的字音和北京话的字音不同之点，改变自己的语音习惯，然后才能把普通话学好。今天八月十八日，苏州人说成［pɔʔ ŋəʔ zəʔ pəʔ əʔ］，首先苏州人要把入声韵尾喉塞音［ʔ］去掉，因为北京话是没有入声的，然后注意把"八月十八日"说成 ba yue shi ba ri。假如你是一个湖南长沙人，说一句"我要到图书馆去"，这七个字都要改变长沙读音，然后成为普通话。首先要改变声调。长沙"我、馆"二字是个高降调，要改为低平调；长沙"图"字是个低平调，要改为中升调；长沙"书"字是个中平调，要改为高平调。其次要改变声母，"我"字声母是［w］不是［ŋ］，"图"字声母是［tʻ］不是［d］，"书"字声母是 sh［ʂ］不是 x［ɕ］，"去"字声母是 q［tɕʻ］不是 k［kʻ］。其次要改变韵母，"我"字韵母是［uo］不是［ɔ］，"图"字韵母是 u［u］不是 ou［ou］，"书"字韵母是 u［u］不是 ü［y］，"馆"字韵母是 uan

［uan］不是［uo］，"去"字韵母是ü［y］不是e［ə］。七个字就有这么多讲究，可见改变语音习惯是不容易的。

普通话的声调最易学，也是最难学。说声调最易学，是因为普通话只有四个声调，声音的高低升降不是难学的。当然，习惯于浊音低调的人，也要注意把低调变为高调，例如上海人说普通话，要注意把"电话"说成"店化"。说声调难学，是因为普通话有轻声，这是南方人所不习惯的。有一次我说我喜欢听侯宝林说相声，把相声的"声"字说成重音，我的孩子纠正我，说"相声"的"声"应该说成轻声。普通话对某字在什么地方念轻声，有时候要依照习惯，例如"石头、枕头"的"头"念轻声，而"钟头、窝头"的"头"不念轻声。这些都靠我们随时记住。

在普通话里，两个上声字连读时，前面的上声变为近乎阳平，例如"起点"说成"奇点"，"老板"说成"劳板"，等等。各地的人学习普通话，一般都能注意到这个规律。只有湖南人往往忽略了这一点。但是，当第二字说成轻声时，第一字仍旧应该念半上声，例如，"椅子、饺子、嫂子、姐姐"等。广东、广西的人说普通话，常常在这些地方第一字念阳平，第二字念重音，怪难听的。我在1943年写的《中国语法纲要》举错了一个"椅子"的例子，至今感到惭愧。

普通话以北京语音为标准音，指的是北京的语音系统，不是北京人每一个字的读音。某一个具体的字，如果北京人读音不正，普通话可以不采用，例如有一个时期，北京人把"侵略"说成"寝略"，我们广播电台仍旧说"侵略"，我们的字典仍旧注为 qīnlüè，后来北京人也就跟着念 qīnlüè 了。北京人又把"倾向"qīngxiàng 说成 qǐngxiàng，"塑料"sùliào 说成 suòliào，但是我们的字典仍旧注为 qīngxiàng、sùliào。最近十几年，北京人对某些词语的读音也起了一些变化，例如把"质量"zhìliàng 说成 zhǐliàng，"教室"jiàoshì 说成 jiàoshǐ。我们的字典没有改读，我们也可以不改读。有些字，北京人的读音起着一种语法作用，例如介词的"把"（"把书放在桌子上"）说成 bǎi，介词的"在"（"不能在教室里抽烟"）说成 zǎi 或 dǎi，似乎可以吸收进普通话里。但在字典没有吸收以前，我们也可以不必模仿北京人的读音。

第二，普通话以北方话为基础方言。这主要是指词汇说的。为什么不说以北京话为基础方言呢？北京话是地点方言，北方话是地区方言，北方话比北京话范围大。普通话的词汇，应该是北方地区通用的词汇，不包括北京的土话。语言学家罗常培，他是土生土长的北京人，但是他平常说话时，特别是讲课时，极力避免北京土话。我们的字典不收北京太土的话。有些北京土话，字典里收了，就注上一个〈方〉字，表示它是一个方言，和其他方言一样对待。北京土话常常把"我们"说成而ǐ me，字典里不收。北京土话有个"帅"字("他写的字真帅"),是好的意思,字典里不收。近年的北京土话里,有个"盖"字("这个电影盖了"),是好到极点的意思,字典里不收。北京土话有个"逗"字,是逗笑儿的意思("这话真逗"),字典里收了,注上一个〈方〉字。北京土话有"告送"这个词,是告诉的意思,字典里收了,注上一个〈方〉字。有时候,"告送"也说成 gàng(杠),字典里也不收。我们说,普通话不就是北京话,就是这个道理。

学习普通话词汇,要注意自己方言词汇和普通话词汇的不同。普通话"自行车",上海说"脚踏车",广州说"单车"。常常看见广东、广西的报纸上把"自行车"说成"单车",那是不对的。各个方言区域都有自己的词汇特点,各不相同。如果把全国方言词汇合编一部词典,那就比现在我们的字典篇幅大几十倍。譬如说,广州人把父亲叫做"老豆",苏州人叫"爷";广州人把小孩叫做"细佬哥"或"细路仔",苏州人叫"小干吗"。还有一些方言词,在普通话里找不到恰当的翻译,例如苏州话的 [tia]（略等于"娇"),广州话的"孖"mā(略等于"双"或"对"),"蕴"lāi("蕴仔"是最小的儿子,略等于北京人说的"老儿子")。有些方言词,听起来好像和普通话一样,其实不一样,例如一个昆明人去看朋友,朋友不在家,他告诉朋友家的人说:"我明天上午又来。""又来"只是再来的意思,按普通话该说"我明天上午再来"。这些细微的地方,要细心观察才能看出来的。

第三,普通话以典范的现代白话文著作为语法规范。这实际上也就是以北方话的语法为标准,所以要以典范的现代白话文著作为语法规范。譬如说:"狼把羊吃了。"这样一句话,北京人常常说成"狼把羊给吃了","给"字是多余的,普通话不必这样说。但是,一般地说,普通话的语法也就是北方话的语法。

上面说过,各地方言的语法差别不大。只有一些地方值得注意:1.关于词序的问题。广东、广西的人要注意:"我先去"不要说成"我去先","我给他十块钱"不要说成"我给十块钱他"。云南人要注意,不要把"不很好"说成"很不好"。2.关于人称代词的问题。北京话第一人称复数有包括式和排除式的区别。"咱们"是包括式,包括对话人在内;排除式不包括对话人在内,例如:"我们走了,咱们再会吧。"这种区别在《红楼梦》里是很清楚的。最近几十年来,北京人在该用包括式的地方也说"我们"了,但是在该用排除式的地方绝对不用"咱们",例如我们可以说:"我们走了,我们再会吧。"但是不可以说:"咱们走了,我们再会吧。"北京话的"您",是表示敬意的第二人称代词,它没有复数,"您们"是不说的(可以说"你们两位、你们三位"等)。现在报纸上常见"您们",这是不合普通话语法的。3.关于虚词的问题。这个问题很复杂,不能详细地讲。某种方言用两个词的地方,普

通话只用一个词，例如苏州人说"俚已经来格哉"，普通话只说
"他已经来啦"。有时候，不同的两个虚词，在普通话里用的是相
同的词，例如苏州人说"你吃仔饭再去"，在普通话里说的是"你
吃了饭再去"；苏州人说"俚嬾吃饭就去哉"，在普通话里说的是
"他没吃饭就走了"。"仔"和"哉"都翻译为"了"。这些地方都是
值得注意的。

二、推广普通话的重要性

普通话是汉民族共同语，同时也是代表中华人民共和国的
中国话。因此，推广普通话有极其重大的意义。把普通话推行
好了，就是为四个现代化服务，为社会主义建设事业做出贡献。

普通话推广了，普及了，可以加强我国人民的民族意识。我
国少数民族也都学习普通话，因为普通话可以作为民族间的交
际工具。这样，非但汉族内部可以加强团结，而且整个中华民族
都可以加强团结，这对于我国全国人民安定团结起的作用，是不
可估量的。

为了实现四个现代化，我们需要全国人民的技术交流。将
来越来越多的熟练工人和技术员要到各地传授技术，普通话可
以扫除我们的语言障碍，加强我们的传授效果。我们又需要召
集各种会议，如专业技术会议、经济管理会议等，普通话又是会

议成功的条件之一。

政治性的会议更加需要普通话，譬如广东省人民代表会议，往往需要三种话翻译：一是广州话，二是客家话，三是潮州话（如果不在大会翻译，也要在小组会上翻译）。这是多么不方便，而且容易翻译失真。

学校里教师必须用普通话讲课。即使是在中小学，也不能用方言讲课，因为现在各大中城市都是五方杂处，不用普通话，学生就听不懂。至于高等学校，学生来自全国各地，那就更非用普通话讲课不可。有一位大学教授，他是苏州人，讲文艺理论课，在一小时内就多次提及"电影"，学生纳闷了：文艺形式是多种多样的，为什么专讲"电影"呢？后来才明白了，老师讲的不是"电影"而是"典型"。有一位大学讲师，他是广东人，讲课时屡次提及《西游记》，学生们纳闷了：这一堂课和《西游记》有什么关系呢？后来才明白了，老师讲的不是《西游记》，而是"私有制"。又有一位大学讲师，他是湖南人，在课堂上大讲"头发"，学生纳闷了：这一堂课和"头发"有什么关系呢？后来才明白了，老师讲的不是"头发"，而是"图画"。这种情况必须改变，否则会影响教学效果。当然我们的前辈也多数有不会说普通话的毛病。有一位大名鼎鼎的教授讲《诗经》，讲到汉代有一位学者姓毛，名叫毛坑，他为《诗经》作传，所以《诗经》又叫《毛诗》。学生们笑了，知道他讲的是毛亨。他是广东人，广东话"亨、坑"同音，都念 hēng，他矫枉过正，就都念 kēng 了！我们不怪那位老教授，因为他是封建时代的人。如果我们社会主义时代的大学教师也不能用普通话讲课，那就该受批评了。

现在我国和外国文化交流日益频繁，外国常常邀请我国教师去教汉语，我们当然要用普通话教他们，不能用南腔北调教他们。目前这种合格教师相当缺乏，我们应当大力培养普通话的教师。

现在我讲讲不懂普通话的害处。

语言是交际的工具。我们说话总是有目的，或者是要求别人做一件事，或者是要把一件事告诉别人。如果你的语音说得不准确，人家就会把你的意思弄拧了，你说话的目的就不能达到，甚至带来了许多不便。一位苏州老太太住在广州，有一天她到一家商店去买盐。她用苏州话说"我要买盐［ie］"。售货员说："你要买乜野［ie］？"广州话"乜野"是什么东西的意思。老太太重复地说："我要买盐［ie］。"售货员不耐烦了，她说："我知道你要买野［ie］（广州话'野'是'东西'的意思），你要买乜野啊？"老太太说来说去，售货员始终听不懂。老太太只好用手指着盐来说，才解决了问题。一个北方人在广州买甘蔗，售货员说："一毫子一斤（gan）。"那人付了一毛钱，就把一根甘蔗拿走了。因为广州话

"斤""根"同音（都念 gan），所以闹这个笑话。另一个北方人在广州商店里买一件东西，售货员说要"十二（yi）个银钱"（即"十二块钱"），那人付了十一块钱，就把东西拿走了。据传说，蒋介石责骂一个犯错误的官员，那官员辩解了几句，蒋介石发怒说："你强辩（bi）！"那官员赶快跪下求饶，以为蒋介石要枪毙他。有一位教授，他是广东人，快要到某工厂去讲课，向一位领导干部辞行，谈了几句话，就说他要回家收拾收拾［ʃiu ʃi ʃiu ʃi］，那位领导同志说："是的，你该回家休息休息了！"又有一位老教授，远道从广东来，有事情找我。他的普通话讲不好，我听了半天不懂。我说："你干脆说广东话吧，我懂广东话。"谁知道他的广东话我也听不懂，他是台山人，说的是台山话！一位四川女同志在北京商店买一条"男（lan）裤子"，售货员给她一条蓝色女裤。她说："我要的是男（lan）裤子，不是女裤子。"售货员才明白过来。听说还有一位四川女同志——这是多年前的事了——在公园湖边洗脚，一只鞋掉在水里，她高声嚷嚷说："我的鞋（hai）子掉在水里了！"游客们听说她的孩子落水，连忙帮她打捞，捞起来是一只鞋！以上所说的这一类故事，可以举出许多。这不是笑话，其中许多都是真实的事情，有些还是我亲身经历的事情。不懂普通话，该是多么不方便啊！

有时候，不懂普通话还有严重的后果。听说有一次，某部队传令某日上午开大会，传令的战士普通话不够好，把"上午"说得很像"下午"，结果把事情耽误了。又有一次，海军某部打旗语传信号，由于打旗语的战士普通话不够好，把旗语打错了，引起了误会。这种事情，不但部队里有，恐怕工厂里也有。同志们都可以补充一些例子。由此看来，为了四个现代化，推广普通话是刻不容缓的事情。

原载《语文现代化》1980年第2辑

附录三　关于汉语语法体系的问题[1]

　　"语法"有两个意义：语言本身的结构规律；语法书上的语法体系。这两个概念不大相同。前者指的是语法本身，后者指的是语法学家对语法的说明。语法本身只有一个，语法学家对语法的说明则可以有各种不同的语法体系。较好的语法体系能够比较全面地、比较精密地说明语法本身，但是绝对完善的语法体系是没有的，因此，语法体系是有争论的。中国古代没有语法书，从1899年《马氏文通》出版后才有汉语语法书。汉语语法体系便成为有争论的问题。这里我讲四个问题：汉语有无词类；词

---

1. 这是我在香港中文大学的一次演讲。

类的划分;一些有争论的问题;学校语法。

一、汉语有无词类

《马氏文通》以来,一向认为汉语是有词类的。到了20世纪50年代,高名凯提出汉语无词类的学说,受到了语言学界的攻击。其实高名凯不是没有理由的。从马建忠到杨树达、黎锦熙等语法学家,基本上是照搬西洋语法的。高名凯认为是没有照顾到汉语的特点。他认为:汉语的最大特点就是没有词类。他提出"不男不女"作为例子,"男、女"是名词呢,还是形容词呢?

这牵涉"词类"的定义问题。在西洋语法中,有变形词和不变形词两类。变形词有名词、代名词、动词、形容词,它们都是有形态变化的:名词有数、格、性的变化,代名词也有数、格、性的变化,动词有时态(tense)、语态(voice)、语气(mood)、情貌(aspect)的变化,形容词有与名词性数的对应(如法语),等等。有形态作为词类的标志,界限是很清楚的。汉语没有形态作为词类的标志,词类的界限就不清楚了,难怪高名凯说汉语没有词类了。

如果把词类的定义改一改,汉语还是有词类的。现在一般的说法是:表示人或事物名称的词叫做名词;代替名词、动词、形容词、数量词、副词的词叫做代词(我们不叫代名词,因为它所代的不限于名词）；表示人或事物的动作、发展变化的词叫做动词；表示人或事物的性质或状态的词叫做形容词，等等。这样，汉语就有了词类了。

但是，问题并没有完全解决。抽象名词和形容词的界限是不清楚的，例如"由小到大、欺软怕硬"，"小、大、软、硬"是形容词呢，还是名词呢？其他词类的界限也是不清楚的。为什么"想"是动词，而"思想"是名词呢？为什么"慢车"的"慢"是形容词，而"慢走"的"慢"是副词，"不怕慢，只怕站"的"慢"又是名词呢？

为了解决这个矛盾，黎锦熙提出句本位的学说。他说："依句定品，离句无品。"在他看来，"由小到大、欺软怕硬"，其中的"小、大、软、硬"当然是名词。"慢车"的"慢"是形容词，因为它在名词前面做定语，"慢走"的"慢"是副词，因为它在动词前面做状语，"不怕慢，只怕站"，其中的"慢"是名词，因为它在动词后面做宾语。

黎先生这个办法并没有解决问题。既然"离句无品"，可见词本身分不出词类来，当一个词没有进入句子之前，就无法断定它属于什么词类，这仍然导致汉语无词类的结论。

二、词类的划分

词类的划分，有两个问题：汉语的词应该分为几类？每一个词应该归属哪一词类？

从马建忠到黎锦熙，都把汉语的词分为九类，即：名词、代名词、形容词、动词、副词、连词、介词、叹词、助词。除了助词为汉语所特有的外，其余八个与西洋语法的八类词相当。后来有人认为九个词类不符合汉语的实际。现在中学里讲语法，把现代汉语的词分为十二类：名词、动词、形容词、数词、量词、代词、副词、介词、连词、助词、叹词、象声词。这种划分也未必妥当。数词本是形容词之一种；后来受俄语语法的影响，才把数词从形容词中分出来。量词应该是名词的一个附类，我把它叫做单位名词（英文piece也就是名词），不必把它独立出来自成一类。象声词也不必从叹词中分出来。

汉语词的归类，是一个很复杂的问题。我们要做到词有定类，在词典里就可以注明它是什么词类，而不是等待它进入句子里才能确定它属于什么词类。

我们要根据意义、语法范畴来区别一个词的词类。这就是说，我们要兼顾词的词汇意义和语法作用两方面，不能只顾一头。要区别一个词在语法上的经常功能和临时功能。我们说：和事物范畴相当的是名词，和行为范畴相当的是动词，和性状范畴相当的是形容词。在判断一个词是不是名词的时候，要看它是不是经常具有主语和宾语的功能；在判断一个词是不是动词的时候，要看它是不是经常具有叙述词的功能；在判断一个词是不是形容词的时候，要看它是不是经常有定语的功能。

名词用作定语的时候，只是定语，不是形容词，例如"中国文学"，"中国"仍旧是名词。名词用作描写词的时候，只是描写词，不是形容词，例如"不男不女"，"男、女"受否定词"不"字的影响，临时功能是描写语，但是"男、女"并不因此变为形容词。名词用作状语的时候，只是状语，不是副词，例如"人立、蛇行"，"人、蛇"的临时功能是状语，并不因此变为副词。

动词用作主宾语的时候，只是主宾语，不是名词。因此，"不怕慢，只怕站"的"站"字虽用作宾语，不算是名词。有少数动词（往往是双音词）已经变了名词，因为它经常被用作主宾语，不用作叙述词，例如"思想"。但是这一类词是不多的。

形容词用作主宾语的时候，只是主宾语，不是名词；用作状语的时候，只是状语，不是副词。因此，在"慢车""不怕慢，只怕站""慢走"这三种结构里，"慢"都是形容词。

这样，副词的范围就小得多了。只有专用作状语的词才是副词，如"都、只、越、更、很、还、不"等。能用作定语修饰名词的不算副词，如"快、慢、早、晚"等。

这样，汉语词有定类，不是等待它进入句子里才能决定它的词类。我们更不能说汉语没有词类了。

三、一些有争论的问题

词类的标准定了，还有一个归类问题。某些词的归类，是有争论的。现在举出"所、之、的"三个字来说。

《马氏文通》认为"所"是接读代字（relative pronoun），对于"陈仲子所居之室"一类的句子讲通了，但是对于"卫太子为江充所败"一类的句子讲不通。杨树达把"所"字改称助动词（auxiliary），对于"卫太子为江充所败"一类的句子讲通了，但是对于"陈仲子所居之室"一类的句子讲不通。我在我的《中国语法理论》里，把"所"字叫做"记号"（marker），这是取巧的办法，不解决问题。现在在中学的暂行语法系统里，"所"字被认为是"结构助词"，我认为这也是取巧的办法。在我主编的《古代汉语》里，我们又回到《马氏文通》的老路，把"所"字归入代词一类。当然我们不能生搬硬套西洋语法，把"所"字叫做接读代字或关系代名词，但是，在先秦的文献里，"所"字的代词性是很明显的。到了汉代，"所"字才用于被动句里，词性虚化了，变为助词（或者叫做被动性的词头）。我们要有历史发展观点，不要把先秦语法和汉以后语法混为一谈，问题就解决了。

"之"字，马建忠、黎锦熙认为是介词，杨树达认为是连词。中学暂行语法系统把它归入结构助词，与"的"字同类。我们认为：中学暂行语法系统的办法是不妥当的。"之"字和"的"字不同词性。"之"字是介于定语和中心语的中间，表示定语和中心语的关系的，"的"字是形容词和形容词组的语尾，所以"这书是我的"不能解为"此书为我之"。我们认为："之"字应该是一个介词。

"的"字，黎锦熙认为是介词。这是由于他认为"的"和"之"是同一词性的。其实，如上面所说："之"和"的"的词性并不相同。"的"字是不是"之"字的音变，尚无确证。即使是"之"字的音变，既然分化为两个词，各有各的发展道路，词性也可以不同。我们认为："的"字是一种语尾。我们不把它叫做词尾，而叫做语尾，因为它不但可以作为一个词的后缀（如"好的、大的"），还可以作为一个词组的后缀（如"煮熟了的、从广州带回来的"）。

四、学校语法

汉语语法体系有各家的不同，那么，我们的语法教学应该怎么办呢？我认为应该有一种学校语法。在中小学里，我们讲授学校语法，到了大学里，语法学家可以百家争鸣，讲自己的语法体系。这样，不但不妨碍学术的发展，而且可以推动学术的发展。

学校语法是有可能建立起来的。只要定出来一种多数人所能接受的语法体系，就能行得通。目前通行的中学暂行语法系统是比较令人满意的，听说明年将要开会修改一次，那就更好。总之，语法教学的目的是让学生掌握汉语语法本身的结构规律，以便他们在写文章的时候用词造句不出差错，这样，语法体系在语法教学中是次要的事情。

原载《中国语文研究》1981年第2期

附录四　语言与文学[1]

今天我讲语言与文学的关系，分为四个问题来讲：语言是文学的第一要素；词汇与文学；语音与文学；语法与文学。

一、语言是文学的第一要素

高尔基说："语言是文学的第一要素。"没有语言就没有文学。最好的文学作品都是用最优美的语言写成的。语言修养是文学家的起码条件。

我们要学好现代汉语。现代文学作品都是用现代汉语写成

---

1. 这是我在中山大学和暨南大学的一次演讲。

的。文字不通顺，就写不出好的小说、剧本、诗歌、散文来。不知道有多少青年文艺工作者，只因文字不通顺，他们的作品被扔进文艺杂志编辑部的字纸篓里。

我们要学习人民的语言。工人的语言、农民的语言、小市民的语言，我们都要学。学生腔是用不上的。我们说文学家要深入生活。我认为，学习人民的语言也是深入生活的一方面。唯有用人民的语言描写人民生活，才能使作品有生活气息。赵树理熟悉农民的语言，老舍熟悉小市民的语言，所以他们描写的农民、小市民是那样生动、传神。

我们要学好古代汉语。古代汉语有许多修辞手段，我们今天还用得上。其次，我们研究中国文学史，更不能不学好古代汉语。否则，连古文、古诗都看不懂，怎能研究文学史呢？

二、词汇与文学

这里讲的主要是形象思维的问题。形象思维是文学问题，也是语言问题。形象思维是用具体形象来构思，表现为语言则是多用具体名词，少用抽象名词。《诗经》的比兴，是形象思维的实践。后来"兴"发展为触景生情，情景交融，托情于景。抒情诗如果没有形象，就是最坏的抒情诗。诗的意境，也靠具体形象来表现。杜甫《秋兴》诗："丛菊两开他日泪，孤舟一系故园心。"就是从丛菊和孤舟这两个景物寄托他的思乡之情。假如他简单地说"离家两年了，我很想家"一类的话，就味同嚼蜡了。甚至讲哲理的诗也离不开形象思维，例如朱熹的《观书有感》诗："半亩方塘一鉴开，天光云影共徘徊。问渠那得清如许？为有源头活水来。"这里有池塘，有镜子（鉴），有天光，有云影，有源头活水，而他所要表达的意思是，每天看书都领会到许多新的道理，好像有源头活水的清池，照得心里亮堂。这样说才有诗意，是一首好诗；如果用抽象的话说出，就不成其为诗了。

《文心雕龙》用相当大的篇幅讲形象思维的道理。它说（《神思》）："故思理为妙，神与物游。"又说（《比兴》）："诗人比兴，触物圆览。物虽胡越，合则肝胆。"又说（《物色》）："山沓水匝，树杂云合。目既往还，心亦吐纳。春日迟迟，秋风飒飒。情往似赠，兴来如答。"这是中国古代文论中的形象思维论，值得我们好好地领会。

形象思维也并不都是好的。庸俗的比喻就表现诗格的卑下，例如明世宗《送毛伯温》诗："大将南征胆气豪，腰横秋水雁翎刀……天上麒麟原有种，穴中蝼蚁岂能逃？太平待诏归来日，朕与先生解战袍。"这种诗只有小学生的水平，是毫无诗意的诗了。

三、语音与文学

我在我的《略论语言形式美》里,指出语言形式美有三种:第一是整齐的美;第二是抑扬的美;第三是回环的美。整齐的美属于语法问题,下面将要谈到,这里先谈抑扬的美和回环的美。

诗是让人朗诵的,古人叫做吟,因此,诗和语音的关系非常密切。抑扬的美和回环的美是诗歌所必须具备的语言形式美。

抑扬的美和音步有关,也和节奏有关。西洋诗以轻重音为抑扬,中国旧体诗以平仄为抑扬。平仄相间为节奏,例如:

半亩—方塘——鉴—开,

仄仄—平平—仄仄—平

天光—云影—共—徘徊。

平平—仄仄—仄—平平

问渠—那得—清—如许?

平平—仄仄—平—平仄

为有—源头—活水—来。

仄仄—平平—仄仄—平

每句有四个节奏点(四个音步),平仄相间,构成抑扬美。

古代骈体文也讲究平仄，例如王勃《滕王阁序》：

老当—益壮—宁移—白首—之心？
平平—仄仄—平平—仄仄—平平
穷且—益坚—不堕—青云—之志。
仄仄—平平—仄仄—平平—仄仄

新诗的节奏不是和旧体诗的节奏完全绝缘的。特别是骈体文和词曲的节奏，可以供我们借鉴的地方很多。已经有些诗人在新诗中成功地运用了平仄的节奏。现在试举出贺敬之同志《桂林山水歌》开头的四个诗行来看：

云中的神啊，雾中的仙，
神姿仙态桂林的山！
情一样深啊，梦一样美，
如情似梦漓江水。

把这四句话压缩为两句，不就是合乎律诗平仄的"神姿仙态桂林山，如情似梦漓江水"吗？

回环的美，指的就是诗韵。诗行的韵脚，是同韵的字（主要元音和韵尾相同）来来回回的重复，所以叫做回环的美。抑扬的美和回环的美都是音乐美，诗歌和音乐是息息相关的。

为了欣赏古代诗歌的语言形式美，我们需要懂得古韵和古代声调。不但《诗经》《楚辞》的古韵和今韵不同，唐宋诗词的韵脚读音也和今韵不同，例如贺知章《还乡偶书》："少小离家老大回，乡音无改鬓毛衰。儿童相见不相识，笑问客从何处来。"依今天普通话朗诵，"回、衰"属灰堆辙，"来"属怀来辙，不能形成回环的美；如果照唐读音，"回"[ɣuai]，"衰"[dzuai]，"来"[lai]，就押韵了。又如杜牧《山行》："远上寒山石径斜，白云生处有人家。停车坐爱枫林晚，霜叶红于二月花。"依今天普通话朗诵，"斜"属乜邪辙，"家、花"属发花辙，不能形成回环的美；如果照唐代读音，"斜"[zia]，"家"[ka]，"花"[xua]，就押韵了。

唐宋的声调也不同于现代普通话的声调。在现代普通话里，入声消失了，原来的入声字转入阴平、阳平、上声和去声。转入阴平、阳平的字就和律诗的平仄不合，例如：

银烛吐青烟，金樽对绮筵。（陈子昂）

楚山横地出，汉水接天回。（杜审言）

野舍时雨润，山杂夏云多。（宋之问）

不知香积寺，数里入云峰。（王维）

兵戈不见老莱衣，叹息人间万事非。（杜甫）

风急天高猿啸哀，渚清沙白鸟飞回。（杜甫）

玉露凋伤枫树林，巫山巫峡气萧森。（杜甫）

爆竹声中一岁除，春风送暖入屠苏。（王安石）

在有入声的方言区域（吴方言、粤方言、闽方言、客家话）里，人们朗诵唐宋律诗就占了便宜，因为这些方言还保存了入声。

在某些散文里，作者也着意使它韵文化。有散文化的韵文，如苏轼的《赤壁赋》，也有韵文化的散文，如范仲淹的《岳阳楼记》。苏轼《前赤壁赋》：“‘月明星稀，乌鹊南飞’，此非曹孟德之诗乎？西望夏口，东望武昌，山川相缪，郁乎苍苍，此非孟德之困于周郎者乎？”这是散文化的韵文。范仲淹《岳阳楼记》：“至若春和景明，波澜不惊。上下天光，一碧万顷。沙鸥翔集，锦鳞游泳。岸芷汀兰，郁郁青青。而或长烟一空，皓月千里，浮光耀金，静影沉璧，渔歌互答，此乐何极！登斯楼也，则有心旷神怡，宠辱皆忘，把酒临风，其喜洋洋者矣。”这是韵文化的散文。

律诗的平仄，在唐宋八大家的散文中也常常用得上，例如王安石《读孟尝君传》：

世皆称—孟尝君—能得士，

仄平平—仄平平—平仄仄

士以故—归之，

仄仄仄—平平

而卒赖—其力，

平仄仄—平仄

以脱于—虎豹—之秦。

仄仄平—仄仄—平平

嗟乎！

平平

孟尝君—特鸡鸣—狗盗—之雄（耳），

仄平平—仄仄平—仄仄—平平

乌足—以言—得士？

平仄—仄平—仄仄

不然—得—士焉，

仄平—仄仄—平平

宜可以—南面—而制秦，

平仄仄—平仄—平仄平

尚取—鸡鸣—狗盗—之力哉！

仄仄—平平—仄仄—平仄平

鸡鸣—狗盗—之出—其门，

平平—仄仄—平仄—平平

此士之—所以—不至也！

仄仄平—仄仄—仄仄仄

这基本上是平仄相间，节奏分明。古人对散文也是要求朗诵的，所以要讲究声韵。古人所谓"声调铿锵""掷地当作金石声"，就是这个道理。

由上所述，我们可以知道，要更好地欣赏古典文学，就必须略懂声韵。语言与文学的密切关系，由此可见。

四、语法与文学

语言的整齐的美，指的是对仗。不但律诗有对仗，古体诗和词曲也有一些对仗。不但骈体文有对仗，散文也有对仗。《文心雕龙》有《丽辞》篇，就是专讲封仗的。

对仗，就是名词对名词，动词对动词，形容词对形容词，数量词对数量词，虚词对虚词。同一词类放在前后两句的同一位置上，所以是语法问题，例如白居易《钱塘湖春行》诗："乱花渐欲迷人眼，浅草才能没马蹄。""乱"和"浅"是形容词对形容词，"花"和"草"、"人"和"马"、"眼"和"蹄"是名词对名词，"迷"和"没"是动词对动词，"欲"和"能"也是动词对动词，"渐"和"才"是副词对副词。

诗人们还把名词分若干小类，如天文、地理、时令、宫室、动物、植物、形体等。同一小类相对，叫做工对。上面所引白居易诗的例子，就是工对的典型。明白了这个道理，我们就知道杜甫《咏怀古迹》"画图省识春风面，环佩空归夜月魂"，为什么不说成"……月夜魂"了。

在律诗中，常常有一些特殊语法形式。最常见的是一种不完全句，就是只有名词性词组，没有谓语，例如：

极浦三春草，高楼万里心。（贾至）

浮云游子意，落日故人情。（李白）

渭北春天树，江东日暮云。（杜甫）

江汉思归客，乾坤一腐儒。（杜甫）

高鸟长淮水，平芜故郢城。（王维）

山中一夜雨，树杪百重泉。（王维）

　　有时候，一句中包含两个分句，一个是不完全句，一个是完全句，例如：

泉声咽危石，日色冷青松。（王维）

香雾云鬟湿，清辉玉臂寒。（杜甫）

晓月过残垒，繁星宿故关。（司空曙）

　　五言律诗只有四十个字，为了言简意赅，常常要用不完全句。七言律诗虽有五十六个字，不完全句也不少见，例如：

旌旗朝朔气，笳吹夜边声。（杜审言）

少妇今春意，良人昨夜情。（沈佺期）

云里帝城双凤阙，雨中春树万家人。（王维）

落日澄江乌榜外，秋风疏柳白门前。（韩翃）

春风鸾镜愁中影，明月羊车梦里声。（戴叔伦）

三五夜中新月色，二千里外故人心。（白居易）

绕郭烟岚新雨后，满山楼阁上灯初。（元稹）

屏上楼台陈后主，镜中金翠李夫人。（温庭筠）

蝴蝶梦中家万里，杜鹃枝上月三更。（崔涂）

万里山川唐土地，千年魂魄晋英雄。（罗隐）

秋风万里芙蓉国，暮雨千家薜荔村。（谭用之）

古代汉语有一种使动词，如"生死人而肉白骨"里的"生"和"肉"。这种使动词在律诗中也常见。王安石的名句"春风又绿江南岸"，其中"绿"字就是一个使动词，使动词是由名词、形容词和不及物动词变来的。现在再举几个例子：

黄云断春色，画角起边愁。（王维）

山光悦鸟性，潭影空人心。（常建）

回风醒别酒，细雨湿行装。（岑参）

感时花溅泪，恨别鸟惊心。（杜甫）

使动词也能起言简意赅的作用，所以律诗中常常用它。

以上所讲，可见语言与文学的关系非常密切。我们要学好文学，必须先学好语言。

原载《暨南大学学报》1981年第1期

［清］恽寿平　《湖山春暖图》（局部）

出版说明

　　《语文讲话》是王力先生所作的一本汉语语言学入门小书。该书最初为王力先生在燕京大学暑期学校授课时所用的演讲稿，抗日战争时期经过了三次修订，以《中国语文概论》为书名出版。1950年再次修订后编入"开明青年丛书"，改题《中国语文讲话》并在开明书店出版。本次出版即以开明书店本为底本进行整理、校勘和编辑，同时参以1955年文化教育出版社出版的《汉语讲话》。本次修订过程中，有幸得到中国著名语言学家、王力先生弟子蒋绍愚先生的支持与指导，并倾情作序。

　　本书共收录四篇附录：一为《汉语发展史鸟瞰》，讲述汉语语音、语法和词汇的发展情况；二为《推广普通话的三个问题（节选）》，节选原文"什么是普通话""推广普通话的重要性"两部分内容，与正文中有关方言语音的内容相呼应；三为《关于汉语语法体系的问题》，架构起汉语语法体系，能够帮助读者掌握汉语语法本身的结构规律；四为《语言与文学》，探讨了语言与文学之间的关系，并指出语言是文学的第一要素。

　　另外，结合本书内容，精选多幅中国古代名家书画作品作为插图,如明代仇英的《人物故事图册:吹箫引凤》、五代后蜀黄筌的《苹婆山鸟图》、宋代马远的《梅石溪凫图》……便于读者细细品味中国语言文化中的种种意趣。

最后,为区分层次、便于阅读,本书采用双色印刷,涉及语音示例及古文知识的部分配以青色,"稍见青青色,还从柳上归"。让我们一起在阅读中感受中国语言文化之美。

书中可能尚存编校疏误,恳请广大读者和各位方家批评指正,提出宝贵意见。

天津人民出版社

2022 年 12 月